홀로 걸으라

홀로 걸으라

2023년 2월 22일 초판 1쇄 발행

지은이 ┃ 나원규•이상보•이창우•한규남

발행인 ┃ 이창우
기획편집 ┃ 이창우
표지 디자인 ┃ 이형민
본문 디자인 ┃ 이창우
교정·교열 ┃ 나원규, 지혜령

펴낸곳 ┃ 도서출판 카리스 아카데미
주소 ┃ 세종시 대평로 56 515동 1902호
전화 ┃ 대표 (044)868-3551
편집부 ┃ 010-4436-1404
팩스 ┃ (044)868-3551
이메일 ┃ truththeway@naver.com

출판등록 ┃ 2019년 12월 31일 제 569-2019-000052호

홀로 걸으라

나원규·이상보·이창우·한규남 지음

카리스
아카데미

머리말

기독교의 핵심은 예수님을 닮아 그분이 가셨던 그 길을 따라 걷는 것이라고 생각합니다. 이 길을 걷는 것은 주님의 형상을 닮는 것과 동일한 영적 운동입니다. 이 길은 누가 대신 걸어 줄 수도 없고, 누군가의 도움을 받을 수도 없는 길입니다. 또한, 비유적으로만 '길'이지 이 길은 눈에 보이지 않는 영적인 길입니다. 따라서 눈에 보이는 길과 유사한 의미로 보면 큰 착각에 빠질 수 있습니다.

눈에 보이는 길은 잘못 들어서면 다시 뒤로 돌아가야 하고, 조금 더 빨리 가는 지름길이 있을 수도 있습니다. 또한, 누군가 동행할 수도 있고 함께 웃으면서 걸을 수도 있고 탄탄대로도 있습니다. 하지만 영적인 길은 그렇지 않습니다. 특히, 주님께서 걸으셨던 그 길은 시대가 흘렀다고 해서 더 쉬워지거나 지름길이 생기지 않습니다. 예나 지금이나 동일하게 이 길은 어렵습니다. 주님께서 먼저 가셨으니 뒤따라 가는 제자들은 조금 더 쉬운 길을 걷는 그런 길이 아닙니다.

이 길에서는 주님이 가셨던 방식과 동일한 방식으로 걸어야 하는 과제가 주어집니다. 주님을 닮아 같은 길을 걸었는지 혹은 그렇지 않고 이 길에서 이탈하여 조금 더 쉬운 길을 택했는지가 있을 뿐입니다. 따라서 제자는 각각 이 길 위에서 주님을 닮아 같은 길을 걸었는지 시험을 치러야 합니다.

우리는 예수님의 초림과 재림 사이의 시기를 살아가고 있습니다. 저는 편하게 이 시기를 '중간기'라고 부르고 싶습니다. 이 '중간기'는 어떤 의미가 있는 것일까요? 주님이 처음 이 세상에 오셔서 이 길을 걸으셨고 십자가로 승리하시고 부활하셨습니다. 그러니 이 승리는 곧 우리의 승리일까요? 그렇지 않습니다. 이것은 심각한 오해입니다. 교회는 이 시기 동안 승리를 즐길 수 없습니다. 왜냐하면 중간기의 의미는 시험의 시기요, 우리도 주님이 걸으셨던 같은 길을 걸었는지 테스트를 받아야 하는 시기이기 때문입니다.

주님의 승리가 마치 우리의 승리인 양 행동하는 것은 친구가 고시에 합격한 것이 마치 자신이 고시에 합격한 것인 양 즐기는 것만큼 멍청한 일입니다. 중간기를 살아내야 하는 크리스천의 삶은 명확하게 제시되었습니다. 예수 그리스도에 의해서 말입니다. 이 길은 과제로 주어졌습니다. 누구도 이 길을 걷는 것을 도울 수 없습니다. 크리스천 각각은 모두 동일하게 이 길을 걸으며 시험을 치러야 합니다. 그러니 홀로 걸으십시오.

이 길을 걷는 것을 도울 수 있는 유일한 한 분이 계십니다. 먼저 이 길을 홀로 걸으셨던 예수 그리스도이십니다. 주님은 그렇게 먼저 가셨고 하늘에 앉아 테스트를 받고 있는 우리를 팔짱을 끼고 지켜보고 계신 것이 아닙니다. 이 지상에서 걸으셨을 때보다 더욱 충만한 사랑으로 돕고 계십니다. 이것을 믿습니까? 주님은 말씀하십니다. "내가 땅에서 들리면 모든 사람을 내게로 이끌겠노라 하시니"(요12:32)

이 세상에서 누구도 이 길을 가는 것을 돕지 못한다 하더라도, 하늘에 계신 주님께서는 이 길을 걸으셨던 유일한 분이시기에, 먼저 이 길을 경험한 분이시기에, 주님을 닮아 이 길을 걷는 모든 사람들을 이끌고 계십니다. 그러니 홀로 이 길을 걸으십시오.

이 책에 대하여

본 교재를 정독함과 동시에, 카리스 아카데미에서 출판한 도서 《복음과 함께 고난을 받으라》를 필독할 것을 권장합니다. 본 교재는 해당 도서의 1장 내용을 나눔교재로 편찬한 것입니다. 필독서는 읽고 버리는 것이 아니라, 집에 소장하고 계속해서 읽어야 할 가치가 있기에 '소장용'으로 기획한 것이고 별도의 나눔교재는 『제자도 시리즈』로 필독서와 함께 교회에서 성경공부 나눔을 위한 '학습서'로 기획한 것입니다. 가능하면 자주 보고 어떻게 적용하며 실천하는 크리스천이 되어야 할지 성찰하는 계기가 되었으면 좋겠습니다. 학습서는 기존의 성경공부 교재와 달리 필독서의 내용을 숙지하고, 더욱 사고를 확장하고, 가능하면 1주일 안에 실천할 수 있는 내용을 나누고, 다음 주에 성경공부 모임을 다시 시작할 때 점검할 수 있도록 구성하였습니다.

카리스 아카데미가 『제자도 시리즈』를 기획한 이유는 기독교의 본질을 바로 세우기 위해 가장 필요한 과제가 '제자도'라고 생각했기 때문입니다. 제자도는 다른 것이 아니고 '예수님 닮기'입니다. 예수 그리스도를 닮지 않고서는 세상과 싸워 이길 수도 없고, 세상을 변화시킬 수도 없습니다. 예수님을 닮지 않고 어떻게 크리스천이라고 말할 수 있습니까? 예수님을 닮지 않고 어떻게 세상을 변화시킬 수 있겠습니까? 복음은 말합니다. "제자가 그 선생보다 높지 못하나 무릇 온전하게 된 자는 그 선생과 같으리라."(눅 6:40)

우리의 선생은 예수 그리스도입니다. 크리스천의 남은 과제는 선생처럼 되는 것입니다. 따라서 카리스 아카데미는 이런 점에서 어떻게 주님을 닮은 제자가 될지 가능하면 구체적으로 제시할 계획입니다. 전체 시리즈를 구성한다는 것은 결코 쉬운 일이 아닙니다. 이 시리즈를 구성하기 위해 여러 목사님과 교수님이 함께 할 것이고 다양한 연구과정을 구성할 계획입니다. 이 일을 위해 때로는 기도로, 때로는 후원으로, 때로는 직접 참여하시어 도움을 주신다면 이 땅에 주님의 교회를 세우는 일에 더 큰 힘이 될 것입니다.

전체 커리큘럼의 구조는 크게 세 차원으로 구성되어 있습니다. 개인 차원, 대인 관계 차원, 공동체 차원입니다. 이 구조를 그림으로 나타내면 아래 그림과 같습니다. 그림을 참고하면, 개인 차원의 변화가 대인관계 차원에 영향을 주고, 대인관계의 변화가 공동체 전체에 영향을 끼치는 것을 의미합니다. 즉, 개인 차원의 변화로 시작하여 공동체 차원까지 확대되는 것을 의미합니다.

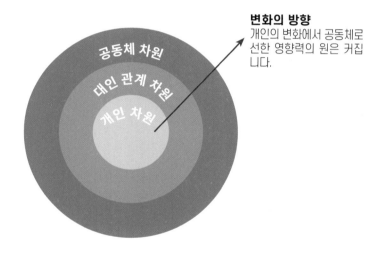

변화의 방향
개인의 변화에서 공동체로
선한 영향력의 원은 커집
니다.

공동체 차원
대인 관계 차원
개인 차원

각 차원마다 꼭 필요한 내용으로 성경공부 교재를 출간할 계획입니다. 개인차원에서는 말씀 앞에서 자신이 어떤 존재이고 어떻게 살아가야 하는지를 배우게 될 것입니다. 먼저 말씀 앞에서 자신을 변화시키지 못한다면, 말씀은 울리는 꽹과리가 되고 말 것입니다. 따라서 카리스 아카데미에서는 제자도 시리즈의 첫 책으로 개인 차원의 교재인《말씀은 거울이다!》를 제일 먼저 출간했고, 두 번째 책으로 개인 차원의 교재인《홀로 걸으라》를 출간합니다.

목차

머리말 _4
이 책에 대하여 _6

1과 홀로 걷기   **11**
    ♣ 생각의 뿌리   13
    ♣ 생각의 나무   18
    ♣ 믿음의 큰 나무   24

2과 자기부인   **27**
    ♣ 생각의 뿌리   29
    ♣ 생각의 나무   34
    ♣ 믿음의 큰 나무   40

3과 주님의 자기부인   **45**
    ♣ 생각의 뿌리   47
    ♣ 생각의 나무   51
    ♣ 믿음의 큰 나무   57

4과 제자의 기쁨   **63**

♣ 생각의 뿌리   65

♣ 생각의 나무   69

♣ 믿음의 큰 나무   74

5과 그리스도의 길   **77**

♣ 생각의 뿌리   79

♣ 생각의 나무   83

♣ 믿음의 큰 나무   89

제자도 시리즈 소개   _92

제자도 시리즈 교재 구성   _94

1과 홀로 걷기

"누구든지 자기 십자가를 지고 나를 따르지 않는 자도 능히 내 제자가 되지 못하리라."(눅 14:27)

용감한 전사가 대담하게 앞으로 나가면서 적의 모든 화살을 가로막을 때, 또한 뒤따라오는 그의 병사들을 보호하고 있을 때, 우리는 이 병사들이 그를 따르고 있다고 말할 수 있습니까?

사랑스러운 아내가 세상에서 가장 소중히 여기는 남편에게 그토록 닮고 싶었던 인생의 아름다운 본보기를 찾았을 때, 그리하여 그를 의지하면서 그의 옆을 걷고 있다면, 우리는 이 아내가 남편을 따르고 있다고 말할 수 있습니까?

대담한 스승이 조롱으로 에워싸이고 질투로 핍박받으면서 조용하게 그의 자리에 서 있을 때, 모든 공격이 오직 스승에게만 향하고 있고 그를 지지하는 제자에게 향하고 있지 않을 때, 그때 우리는 이 제자들이 그를 따르고 있다고 말할 수 있습니까?

암탉이 적이 다가오는 것을 보면서 암탉의 날개를 펴 뒤에 따라오는 병아리들을 덮고 있을 때, 우리는 이 병아리들이 암탉을 따른다고 말할 수 있습니까?

아니, 우리는 이런 식으로 말할 수 없습니다. 관계는 바뀌어야 합니다. 용감한 전사는 그의 병사가 진실로 그를 따르는지 분명히 할 수 있도록 옆으로 비켜서야 합니다. 모든 화살이 병사의 가슴을 겨냥할 때, 실제로 나타난 위험에서 그가 그를 따르는지, 혹은 병사가 용감한 자를 잃었기 때문에 그가 비겁하게 위험에서 등을 돌려 용기를 잃었는지 명확히 할 수 있도록 용감한 전사는 옆으로 비켜서야 합니다.

숭고한 남편, 그는 비통해하는 과부가 그의 지원이 없이도 그를 따르고 있는지 명확히 할 수 있도록 하기 위해 그녀를 떠나야만 하고 그녀 옆으로 비켜서야만 합니다. 혹은 그의 지원을 빼앗기고도, 진실로 그녀가 그 본보기를 포기하지 않는지 확인하기 위해 이 숭고한 남편은 떠나야만 합니다.

대담한 스승은 자신을 숨기거나 무덤 속에 자신이 숨겨져야 합니다. 그때 제자가 그를 따르고 있는지, 조롱으로 에워싸인 그 장소에서, 질투로 핍박받는 그 장소에서 그가 견디고 있는지 밝히 드러나기 때문입니다. 혹은 스승이 죽음으로 명예롭게 그 장소를 떠났지만 부끄럽게도 제자는 그의 평생에 그 장소를 버렸는지 확인하기 위해 스승은 숨겨져야 합니다.

그때, 누군가를 따른다는 것은 당신이 따르고 있는 자가 걸었던 같은 길을 걷는 것을 의미합니다. 따라서 이것은 스승이 더 이상 눈에 보이는 모습으로 앞에 걷고 있지 않다는 것을 의미합니다. 따라서 제자들이 그리스도를 따르는지를 명확히 하기 전에, 그분이 떠나시고 죽는 것이 필요했습니다.

이 일이 일어난 후 수 많은 세기가 흘렀습니다. 그러나 이 일은 여전히 계속해서 일어나고 있습니다. 그리스도께서 거의 눈에 보이는 모습으로 아이 옆에 걸으셨던 시기가 있었고 또한 아이 앞에 먼저 갔던 시기가 있었습니다. 그러나 또한 그리스도께서는 감각적인 눈의 상상력으로부터 사라진 때가 있었습니다. 이것은 이제 어른이 결정의 진지함 가운데 그를 따르는지를 명확히 하기 위해서였습니다.

아이가 엄마의 옷을 잡을 수 있도록 허락받았을 때, 그래서 아이가 엄마의 옷자락을 잡고 아장아장 걸을 때, 아이는 엄마가 걷는 같은 길을 간다고 말할 수 있을까요? 아무도 그렇게 말할 수 없습니다. 먼저 아이는 엄마가 걸었던 같은 길을 걸을 수 있기 전에 홀로, 혼자 힘으로 걷는 방법을 배워야 합니다. 아이가 혼자 걷는 법을 배웠을 때, 엄마는 무엇을 할까요?

엄마는 자신을 눈에 보이지 않도록 해야 합니다. 아이가 홀로 걸을 수 있도록 옆으로 비켜야 합니다. 그녀의 상냥함이 여전히 남아 있다는 것, 여전히 변하지 않고 있다는 것, 아마도 **아이가 혼자 힘으로 걷는 방법을 배우고 있는 바로 그때 상냥함은 오히려 더욱 증가한다는 것, 우리는 이것을 아주 잘 알고 있습니다.** 그렇지만 아마도 아이의 머리로는 이것을 이해하지 못할 것입니다.

영적으로 말한다면, 홀로, 혼자 힘으로 걷는 방법을 배워야 하는 것, 이것은 누군가의 제자가 되어야 하는 사람에게 할당된 과업을 의미합니다. 그는 혼자 힘으로 걸어야만 하고 홀로 걸어야만 합니다.

얼마나 이상합니까! 아이가 혼자 힘으로 걷는 법을 배워야 할 때, 심지어는 홀로 걷다가 넘어져 울 때, 우리는 아이의 걱정에 대하여 항상 웃음으로 거의 농담처럼 이야기합니다.

"아가야, 대단하구나. 이제 홀로 걷겠어. 잘한다!"

그러나 제자도와 관련하여, 언어는 혼자 힘으로 걷는 것과 홀로 걷는 것, 가장 심오한 괴로움과 고통을 위해 이보다 더 강하고 더 진실하고 더 마음을 사로잡은 어떤 표현도 찾을 수 없습니다!

우리는 하늘의 배려는 절대로 변함이 없다는 것을 잘 알고 있습니다. 그렇다면, **하늘의 배려는 이 위험한 때에 훨씬 더욱 걱정하고 있다**는 것도 잘 알고 있습니다. 그러나 사람이 배우고 있는 동안은 이것을 이해하기가 참 어렵습니다.

그때 따른다는 것은 혼자 힘으로 걷는 것을 의미하며 홀로 스승이 걸었던 같은 길을 걷는 것을 의미합니다. 사람이 그가 상담할 수 있는 눈에 보이는 사람이 없다는 것, 혼자 힘으로 선택해야만 하는 것, 엄마가 눈에 보이게 도움을 주지 않기 때문에 아이가 헛되이 비명을 지르듯이 공허하게 비명을 지르는 것, 어떤 사람도 도움을 줄 수가 없고 하늘도 눈에 보이게 도움을 주지 않기 때문에 공허하게 절망하는 것. 이 모든 것이 따른다는 것이 의미하는 바입니다. 그러나 **눈에 보이지 않게 도움을 받는다는 것은 혼자 힘으로 걷는 방법을 배우는 것을 의미합니다.** 왜냐하면 그것은 더 이상 눈에 보이지 않는 스승의 마음과 일치하는 삶을 배우는 방법을 의미하기 때문이죠.

혼자 힘으로 걷는다는 것! 당신을 위해 선택할 수 있는 단 한 명의 사람조차 없습니다. 단 하나이며 중요하고 유일한 문제에 대하여 당신을 상담해 줄 수 있는, 당신의 구원에 대하여 결정적으로 상담해 줄 수 있는 단 한 명의 사람조차 없습니다. 여태껏 그렇게 많은 사람들이 원했을지라도, 그것은 당신에게 해로울 뿐입니다.

홀로 가십시오! 당신이 그렇게 선택했다면, 당신은 확실히 동료 순례자를 찾을 수 있을 것입니다. 그러나 결정적 순간에, 치명적인 위험이 있을 때마다 당신은 홀로 있게 될 것입니다. 어떤 사람도, 단 한 사람도, 당신의 애교 섞인 호소를 듣지 못합니다. 단 한 사람도 당신의 열정적인 불평에 주의를 기울이지 않습니다. 그러나 도움은 있고 하늘에는 충분한 의향이 있습니다. 그러나 그것은 눈에 보이지 않습니다.

하늘에 의해 도움을 받는다는 것은 홀로 걷는 법을 배우는 것입니다. 이

도움은 밖으로부터 오지 않을뿐더러 당신의 손을 붙잡지 않습니다. 하늘은 친절한 사람이 아픈 환자를 돕듯 그렇게 당신을 돕지 않습니다. 하늘은 당신이 길을 잃을 때, 억지로 당신을 복귀시키지 않습니다. 절대로 아닙니다. **당신이 완전히 굴복할 때에만, 당신의 의지를 완전히 포기할 때에만, 그리고 당신의 온 마음을 헌신할 때에, 그때 도움은 눈에 보이지 않게 옵니다.** 그러나 그때 당신은 진실로 홀로 걸었습니다.

우리는 긴 여행 동안 새를 이끌고 있는 강력한 본능을 보지 못합니다. 본능이 먼저 앞에 날아가고 새가 뒤에 날아가는 것이 아닙니다. 길을 찾아가는 것은 새인 것처럼 보입니다. 마찬가지로 우리는 스승을 보는 것이 아니라 스승을 닮은 제자만 볼 뿐입니다. 왜냐하면 그는 같은 길을 따라 혼자 힘으로 걷고 있는 진정한 제자이기 때문입니다.

사랑하는 나의 독자, 당신이 지금 걷고 있는 길은 스승이 걸었던 바로 그 길입니까?

　　크리스천은 주님이 걸으셨던 동일한 길을 홀로 걸어야 합니다. 이제 우리는 크리스천이 주님의 제자가 되기 위해 어떻게 홀로 걷는지를 더 구체적으로 논의하기 위해 몇 가지 중요한 점을 나누고자 합니다. 먼저, 다음의 인용 구절을 살펴보겠습니다.

　　보글러에 의하면 정신적 스승은 스토리의 주인공에게 직접 나타나지 않고 그의 마음속에 내면화되어 있을 수 있다. 그런 주인공은 "정신적 스승이나 안내자가 필요 없을 정도로 경험이 많고 강인한 캐릭터이다." 그는 모험을 하면서 정신적 스승을 만나지 않아도 스스로에게 내면화된 도덕, 윤리, 이상, 지혜 등을 행동의 기준으로 삼는다. 그는 위험에 처해 있을 때 내면화된 정신적 스승의 가르침을 떠올리며 그것을 헤쳐 나간다. 보글러는 말한다.

　　"정신적 스승은 영웅에게 여행에 필요한 동기, 영감, 길잡이, 훈련, 권능을 제공한다. 모든 영웅은 무언가에 의해 인도되며, 이러한 에너지에 대한 인식이 없는 스토리는 불완전하다. 실제적인 캐릭터로 표현되었건 또는 내면화된 행위의 준칙으로서 구현되었건 간에, 정신적 스승의 원형은 작가가 구사할 수 있는 강력한 도구이다."

　　그러나 스토리에서 정신적 스승은 아무에게나 저절로 나타나지 않는다. 블라지미르 쁘로쁘는 《민담형태론》에서 정신적 스승을 "증여자", 혹은 "공급자"로 표현한다. 주인공에게 난관을 극복할 수 있는 능력이나 도구 혹은 아이디어를 제공하기 때문이다. 쁘로쁘에 의하면 정신적 스승은 우선 주인공을 시험하고, 심문하고, 공격한 뒤 그가 그것을 모두 극복을 했을 때에야 권능을 부여한다. 또 정신적 스승은 주인

공을 끝까지 따라가지 않는다. 마지막 여정은 주인공 혼자 가야 한다.[1]

위의 글은 김원익이 쓴 《신화 인간을 말하다》의 일부를 인용한 것입니다. 그는 이 글을 쓰면서 "하늘은 스스로 돕는 자를 돕는다."를 해석하고 있습니다. 일반적으로 이 말은 **하늘은 스스로 노력하는 자를 도와 성공하게 만든다는 뜻입니다.** 어떤 일을 하기 위해서는 자신의 노력이 중요하다는 말로 해석할 수도 있습니다. 하지만 이 글에서 작가는 이 말을 조금 더 심층 깊은 의미에서 다룹니다. 고대 신화나 스토리에서 보면, **주인공인 영웅에게는 언제나 그를 이끌었던 정신적 스승이 존재한다는 것이지요.**

정신적 스승의 기능은 영웅으로 하여금 미지의 것에 대면하도록 하는 데 있다고 말합니다. 정신적 스승은 조언을 해줄 수도, 안내를 할 수도, 또는 신비로운 도구를 내려줄 수도 있습니다. 〈스타워즈〉의 오비완은 루크에게, 그가 포스의 악의 세력과 싸우게 될 때 필요한, 그의 아버지가 사용했던 광선검을 줍니다. 《오즈의 마법사》에서 선한 마녀 글린다는 도로시에게 그녀가 집으로 돌아가는 데 결정적으로 도움이 되는 빨간 구두를 선사하고 인도를 해줍니다.

1. 예수 믿는 제자가 되어 홀로 그 길을 걸을 때, 예수님 역시 "하늘은 스스로 돕는 자를 돕는다."는 말처럼, 우리에게 도움을 주는 것일까요? 이런 의미에서 믿는 자의 정신적 스승이 되는 겁니까? 여러분의 의견을 나누어 봅시다.

---

1 [네이버 지식백과] 하늘은 스스로 돕는 자를 돕는다 (신화 인간을 말하다, 2011. 1. 10., 김원익)

_____

_____

_____

우리는 보통 정신적 스승을 '멘토'라고 부릅니다. 또한 멘토의 상대자를 '멘티'라 부릅니다. 원래 이 말은 그리스 신화의 《오디세이아》에 등장하는 '멘토르(Mentor)'라는 인물에서 유래했다고 합니다. 멘토르는 오디세우스의 절친한 친구였습니다. 더 자세한 내용은 이 신화의 내용을 참고하시기 바랍니다. 어쨌든, 정신적 스승은 신화, 동화 등 모든 스토리에서 영웅이나 주인공을 가르치고 보호하는 인물입니다.

2. 일반적인 신화에서 등장하는 정신적 스승, 혹은 영웅들과 크리스천의 정신적 스승인 예수 그리스도는 어떤 유사점과 차이점이 있는 것일까요?

_____

_____

_____

제자가 홀로 걷는 것이 어떤 의미를 갖는 것인지 더 구체적으로 나누기 위해 저는 기독일보에 실린 칼럼의 일부를 인용하고자 합니다.

오늘 설교자들의 설교 내용에 꽤나 큰 문제가 하나 있음을 본다. 그것은 '조건문의 율법적인 설교'가 너무 많이 난무하고 있다는 것이다. 무슨 말인고 하니, 우리가 하나님을 찾고 그분께 나아가면 하나님도 우리에게 응답하시고 복을 주신다는 내용의 설교들이 너무 많다는 것이다. 거꾸로 말하면, 우리가 하나님께 나아가지 않고 찾지 않는다면 그분도 우리를 외면하실 거란 말이다.

'Heaven helps those who help themselves.'

"하늘은 스스로 돕는 자를 돕는다"는 유명한 문장인데, 목사들이 설교 속에 자주 인용하는 명문장으로 통해왔다. 하지만 이 내용만큼 율법적이고 비성경적인 문장이 없음을 거의 모두가 알지 못한다는 사실이 충격으로 다가온다. 하나님의 도우심을 받으려면 우리 편에서 먼저 최선을 다하는 수고와 노력이 있어야 한다는 것이다.(중략)

'하늘은 스스로 돕는 자를 돕는다'가 성경적 내용이라고? 그게 맞다면 기독교는 다른 종교와 아무런 차이가 없다. 열심히 노력하고 선을 행하면 부처가 되고 극락에 갈 수 있다는 결론이 나온다. 기독교와 타종교의 차이점이 뭔가? 타종교는 우리가 최선을 다해서 살면 신도 우리를 도우시고 구원하신다는 교리다. 반면 우리 기독교의 차별성과 유일성은 하나님이 먼저 우리를 찾아오셔서 은혜를 선포하신다는 내용이다.

'Heaven helps those who help themselves.' 이 내용을 성경적인 내용으로 바꾸어보자. 'Heaven helps those who cannot help themselves.' '하나님은 스스로 도울 능력이 없는 자들을 도우신다.'

그렇다. 이게 바로 복음이다. 하나님은 스스로는 선을 행할 수도 없고 구원할 수도 없는 이들을 구원하시기 위해 예수님을 보내셨다. 하나님이 먼저 우리를 찾아오셨다는 사실이다. 요일 4:19절은 "우리가 이 글은 아세아연합신학대학교의 신성욱 교수님의 글을 인용한 것입니다. 우리는 지금까지 제자된 우리가 홀로 걷는 것이 무엇인지 나누었고, 그때 먼저 그 길을 가신 정신적 스승인 주님은 우리를 어떻게 이끄시는지 나누고 있습니다.

3. 주님이 정신적 스승으로 믿는 자를 이끄신다면, 무엇이 맞는 것일까요? 교수님의 말처럼, 주님은 "스스로 도울 능력이 없는 자를 도우신다"는 말이 맞는 것일까요? 이전에 나눈 내용과 어떤 점이 다른지 나누어봅시다.

_____

_____

_____

저는 여러분들의 생각을 흔들고 더욱 성장시키기 위해 이런 논의를 시작하였습니다. 주님을 따른다는 것은 결코 쉬운 길은 아닙니다. 성경이 말한 대로, '좁은 길'입니다. 어쩌면 이 길은 너무 좁아 인간의 '이해'가 발견할 수 없는 길일 수도 있습니다. 주님은 말씀하십니다.

---

2   [출처] 기독일보 https://www.christiandaily.co.kr/news/86347#share

> "내가 땅에서 들리면 모든 사람들을 내게로 이끌겠노라."
>
> (요한복음 12장 32절)

주님은 먼저 길을 가셨습니다. 그리고 그분을 따라오는 모든 사람들을 이끌겠다고 약속하십니다. 그렇다면, 주님의 사역은 십자가에 달리시고 부활하시고 승천하신 것으로 끝난 것이 아닙니다. 주님은 지금도 믿는 자들을 이끄시는 사역을 하고 계십니다. 주님을 닮아 홀로 그 길을 걷는 자를 이끄시는 사역 말입니다.

우리는 이 경우 자석과 철가루를 예로 들 수 있습니다. 자석은 철가루를 이끌 수 있습니다. 우리는 '자장'이 어떻게 형성되는지 눈으로 볼 수 없습니다. 또한 강력한 자석의 힘인 자장은 눈에 보이지도 않습니다. 그럼에도 불구하고 우리는 철가루들이 일련의 방향을 형성하는 것을 보고 자장이 있음을 확인할 수 있지요.

4. 그렇다면, 예수님이 제자를 이끌 때와 자장이 철가루를 이끌 때와 어떻게 다른지 설명할 수 있습니까?

_____

_____

_____

♣ 믿음의 큰 나무

우리는 지금까지 홀로 걷는다는 것이 무엇을 의미하는지를 나누었습니다. 주님을 닮아 주님의 길을 가는 제자가 되는 것은 무엇보다 중요합니다. 저는 기독교의 핵심 가치는 '본받음'이라고 생각합니다. 달라스 윌라드는 《잊혀진 제자도》에서 흡혈귀 크리스천에 대해 말하고 있습니다. 즉, 주님을 닮아 그 길을 가는 데는 아무런 관심도 없이, 오직 '축복'만을 원하는 자들은 주님의 피를 빨아먹는 흡혈귀들이라고 비판한 것입니다.

1. 여러분은 지금까지 얼마나 주님을 닮기 위해 분투하는 삶을 살았습니까? 주님을 닮은 데는 별로 관심이 없고 영적 평안과 세상에서의 안식만을 원하지는 않았나요?

_____

_____

_____

주님은 여러분들의 자아가 살아 있는 한, 스스로 무언가를 할 수 있다고 착각하는 한, 절대 여러분들을 이끄시지 않으리라 생각합니다. 기독교는 돌팔이 의사가 아닙니다. 돌팔이 의사는 자질구레한 병을 고칩니다. 하지만 돌팔이가 아닌 기독교는 치명적인 질병만 다룹니다. 즉, 여러분들의 자아와 고집이 죽었을 때만 도움에 손길이 있습니다.

2. 여러분은 얼마나 죽었습니까? 혹은 죽은 척한 것은 아닌가요?

_____

_____

_____

2과 자기부인

주님께서는 다음과 같이 말씀하십니다.

> "누구든지 나를 따라오려거든 자기를 부인하고 자기 십자가를 지고 나를 따를 것이니라."(마16:24)

그렇다면 십자가를 지고 주님을 따른다는 것은 무엇을 의미하는 걸까요? 이 의미를 더 면밀히 살피기 위해 부자 청년 이야기로 넘어가 보겠습니다. 어느 날 부자 청년은 주님을 만나러 옵니다. 그리고 주님께 묻습니다.

"선생님, 제가 무슨 선한 일을 해야 영생을 얻겠습니까?"

"왜 선한 일을 내게 묻는가? 선한 분은 오직 한 분뿐이다. 네가 생명에 들어가려면 계명을 지키거라."

주님께서 이렇게 대답하시니 부자 청년은 주님께 다시 묻습니다.

"어느 계명입니까?"

"살인하지 말라, 간음하지 말라, 도둑질하지 말라, 거짓 증언하지 말라, 네 부모를 공경하라, 네 이웃을 네 자신과 같이 사랑하라 하신 것이다."

이 청년은 정말 대단합니다. 그는 이 모든 계명을 다 지켰다며 말합니다.

"제가 이 모든 것을 다 지켰는데, 아직도 무엇이 부족합니까?"

아마 오늘날 우리 같았다면, 이 청년을 칭찬하며 말했을 것입니다.

"대단한 청년이구나. 너희도 이 청년처럼 살아라. 그러면 내 제자가 될 수 있을 것이다. 너는 오늘부터 나를 따르거라."

그러나 주님의 판단은 달랐습니다. 아직도 부족한 것이 있다는 것입니다.

"네가 완전해지려면, 네 소유를 팔아 가난한 자들에게 주어라. 그리고 와서 나를 따라라."

결국, 청년은 근심하다가 주님의 제자가 되지 못하고 떠났다는 것입니다. 바로 이것이 복음의 증언입니다. 한번 가정해 볼까요? 만약 이 청년이 재물을 다 팔았다고 합시다. 그렇다면, 주님의 제자가 될 수 있을까요? 혹은 이 청년에 대한 세상의 판단은 어땠을까요? 먼저 세상의 판단부터 살펴 보겠습니다.

오늘날 정말 이 말씀을 실천하기 위해 전 재산을 다 바친 청년이 있다면, 세상은 이 청년을 존경할까요? 존경은커녕, 아마 미쳤다고 하진 않을까요? 그를 괴짜라며 비웃거나 어리석다고 판단할 것입니다. 극단적으로 가정해, 그 부모가 이 사실을 알았더라면, 대성통곡을 할지도 모를 일이고 당장에 그를 잡아와 정신병원 의사의 감정을 받게 한 후에, 아들이 정신이 나가서 한 행동이니, 재산을 도로 돌려달라고 소송을 걸지도 모를 일입니다.

그러나 주님께서는 청년에게 이런 미친 짓을 하라고 요구하신 겁니다. 이제 이 요구조건대로 청년이 재물을 다 팔아 가난한 자들에게 나누어주었다면, 주님의 제자가 될 수 있을까요? 결코 그럴 수 없습니다. **단 하나의 선한 행동, 단 하나의 고상한 결심은 자기를 부인하는 것이 아니기 때문입니다.**

이것은 아마도 세상에서 배운 것입니다. 세상에서는 사람들이 어쩌다 행한 하나의 작은 선한 행동만 봐도 놀랍니다. 왜냐하면 그런 일조차도 세상에서는 보기 드물기 때문입니다. 심지어는 세상에서 이런 사람을 '의인'이라고까지 부릅니다.

그러나 기독교는 이와 다르게 가르칩니다. 재산을 파는 것과 가난한 사람에게 나누어주는 것은 십자가를 지는 것이 아닙니다. 혹은 **그것은 기껏해야 시작일 뿐입니다.** 십자가를 지고 그리스도를 따르기 위한 좋은 시작일 뿐입니다. 가난한 사람에게 모든 재물을 나누어주는 것은 첫 번째 단계입니다. 즉, 이것은 **십자가를 떠맡는 것입니다.**

두 번째로 지속적으로 행해야 하는 다음 단계가 필요합니다. **곧, 다음 단계란 십자가를 지고 가는 것입니다.** 이것은 단 한 번이 아니라 **날마다** 일어나야 합니다. 청년이 한 번에 재산을 다 팔았다고 해서 그분의 제자가 될 수 있는 것이 아니라, 그분의 제자가 되기 위해 그런 일은 날마다 일어나야 한다는 뜻입니다. 그래서 누가복음은 여기에 '날마다'라는 단어를 추가한 것입니다.

"아무든지 나를 따라오려거든 자기를 부인하고 **날마다** 제 십자가를 지고 나를 따를 것이니라."(눅9:23)

또한 사도 바울이 '날마다' 죽는다고 말한 이유이기도 합니다.

"형제들아, 내가 그리스도 예수 우리 주 안에서 가진 바 너희에 대한 나의 자랑을 두고 단언하노니, 나는 **날마다** 죽노라."(고전 15:31)

사도 바울처럼, 우리의 모든 이기심에 대하여 죽지 않는 한, 이 세상에 대하여 날마다 죽지 않는 한, 우리가 어떻게 그분을 따를 수 있을까요?

하나만 더 생각해 보겠습니다. 아마 여러분은 주님의 제자가 되기 위한 이런 요구조건이 너무 과도하다고 생각할 수 있습니다. 그렇다면 예를 들어, 주님께서 제자가 되기 위한 조건으로 단돈 천 원 정도를 요구했다고 가정해 볼까요? 부자 청년은 주님의 제자가 될 수 있을까요? 아니, 결코 그럴 수 없습니다.

재산이 많은 부자 청년에게 단돈 천원을 요구하는 것, 그에게 아주 보잘 것없는 일로 보이는 것을 요구하는 것, 이것은 그의 자존심을 상하게 합니다.

"참나, 별꼴 다 보겠군. 당신을 따르는 일은 아주 쉽군요. 하지만 당신의 제자가 되는 것은 싫습니다. 많은 불쌍한 사람들이나 불러서 제자 삼으시죠."

아마 대충 청년의 반응은 이랬을지도 모릅니다. 결국, 이 청년은 사소한 일에서 자기부인한다는 것도 아주 어렵습니다. 왜냐하면 **이때 자기부인이란 겸손을 의미하기 때문입니다.** 따라서 **사소한 일**에서 자기부인하는 일도 얼마나 어려운가요!

사랑하는 독자, 당신은 주님을 따르는 제자인가요? 당신은 고상한 자기부인을 한 적이 있는지요? 아니면, 아주 사소한 일에서 자기부인을 한 일이 있습니까? 기독교의 요구가 너무 가혹하다고 생각하시나요? 그러나 **요구조건이 시시할수록, 더 작을수록, 더 하찮을수록, 자기를 자랑하고 싶은 사람들에게 모욕감은 더욱 증폭됩니다.** 이런 일들은 사람들의 찬양을 빼앗습니다. 이때, 겸손은 곧 자기부인이고, 과연 이 요구조건은 가혹했나요? **당**

신은 어떤 자기부인이 더 힘들다고 생각하나요? 사람이 혼자 있는 것처럼, 마치 외딴곳에 있는 것처럼 산다면, 왜 자기를 부인하는 것이 모든 것들 중에서 가장 어렵습니까? 당신이 누군가의 칭찬을 들을 때, 왜 자기를 부인하는 것이 더 쉬운가요?

어떤 사람들은 많은 사람들 앞에 있을 때, 자기를 부인하는 것이 쉬울 수도 있습니다. 왜냐하면 그렇게 많은 것을 포기했다는 것이 아무나 따라 할 수 없는 '귀감'이 될 수 있고, 그는 이런 일을 통해 명예와 존경을 받을 수 있기 때문입니다. 하지만 부자 청년에게 단돈 천원을 요구하는 것은 너무 가혹합니다. 오히려, 이런 요구는 찬양과 명예를 받을 수 있는 기회조차 박탈하기 때문입니다. 그러나 자기부인에 있어서 어떤 본질적인 차이도 없습니다. 많은 것을 요구했든, 작은 것을 요구했든 상황은 아무런 차이가 없습니다. 사람이 그의 상황에 따라 자기를 부인하는 것이 거의 아무런 차이도 만들어 내지 못한다면, 이런 점에서는 거지도 무조건적으로 왕만큼이나 자기를 부인할 수 있습니다.

세상에서는 '자기를 부인'하는 것보다 '자기성취' 혹은 '자아실현'을 강조합니다. 중고등학교 윤리 교과서에서도 가장 강조하는 것 중의 하나가 '자아실현'입니다. 심지어 최근 기독교 안에서 기독교 전통의 자기부인을 비판하면서 오히려 자기성취를 강조하는 신학이 생겨났습니다. 아래의 제시문을 읽고 나누어 보겠습니다.

심리학과 사회 과학이 발전한 현대에서, 일부 학자들은 자기부인의 개념을 거부한다. 그들은 이것을 자기성취(self-fulfillment)를 방해하는 편협하고 폭력적인 전통으로 여긴다. 독일의 신학자이자 심리치료사인 유진 드류만(Eugen Drewmann)은 자기희생(self-sacrifice)과 자기학대(self-abuse)라는 기독교의 전통적 영성을 맹렬히 공격한다. 그는 그러한 기독교를 "마조히즘적 자기부인"으로 보고, 많은 동시대 기독교인들의 신경증적 성격 구조에 주된 책임이 있다고 본다. 예를 들어, 조앤 브라운(Joanne C. Brown), 레베카 파커(Rebecca Parker), 리타 브록(Rita N. Brock), 데니 위버(J. Denny Weaver), 스티븐 핀란(Stephen Finlan) 등이 주장한 비폭력적 관점 역시 특히 십자가와 자기부인의 실천으로 이어지는 속죄론은 자기혐오, 자기학대, 심지어 가정학대를 정당화할 여지를 남겼다고 지적한다.

자기부인에 대한 이러한 오랜 비판과 함께 현대의 영성은 자기성취 추구로의 전환을 요구하였다. 심리학적 '방법론' 책과 자조 프로그램, 세미나 등이 점점 인기를 끌고 있다는 사실은 현재의 영성 변화를 엿볼 수 있게 한다. 브룩스 홀리필드(E. Brooks Holifield)는 미국의 목회사를 묘사하면서 기독교 영성의 자기부인의 이상(ideal)이 자기애로, 자기애가 자기문화로, 자기문화가 자기극복으로, 마침내 자아실현으로 옮겨가고 있다고 분석한다. 오늘날, 필립 리프(Phillip Rieff)가 일찍이 예상했던 것처럼 기독교는 개인의 자기성취와 내면의 성장을 최고의 가치로 강조하고 배려를 위한 지배적인 방향을 강조하는 진정한 '자기치유적' 문화가 되어버렸다.

하지만 치유 문화의 최근의 이러한 영적 경향은 결과적으로 비판적인 목소리를 높이고 있다. 비평가들은 자기(self)를 지나치게 강조하는 접근이 크게는 나르시시즘, 이기심에 기여했고 자기계발, 자기이익과 개인적 성공에 기여했다고 주장한다. 그러므로 치유 기독교에서, 자기부인을 통한 그리스도의 모방은 단순히 자기성취의 복음으로 대체될 위험이 있다. 레멜레(Remele)의 분석은 전통적인 기독교적 가치와 치유 경향 사이의 긴장감을 잘 드러낸다. "전통적인 기독교의 미덕인 이타주의, 자기희생, 공동선에 대한 관심은 기껏해야 치유 가치보다 하위의 지위로, 자아실현, 자기수용, 자존감이라는 가장 유행하는 세계적 관심사 아래로 전락했다."[1]

전통적인 기독교 가치인 '자기부인'과 최근 경향을 보이고 있는 치유가치에 대해 더 깊은 논의를 하고자 합니다. 현대 신학에는 자기부인과 자기성취를 어떻게 해서든 조화시키고자 합니다. 이런 과정에서 기독교는 타협하지 말아야 할 세상과 혼합되는 일이 발생했다고 생각합니다. 위의 제시문처럼 기독교는 개인의 자아실현에 봉사하는 처지로 전락하고 말았습니다. 이제는 교회가 더 이상 자기를 부인하는 삶의 가치를 강조하려 하지 않습니다. 왜냐하면 회중이 싫어하기 때문입니다.

---

1 김규보, "거짓자기, 참자기, 자기부인: 대상관계 이론을 통한 기독교 자기부인 고찰,"『복음과 상담』제22권 2호(2014): 47-8쪽.

1. 자기부인을 실천하는 많은 크리스천들은 종종 영적인 기쁨을 느끼지 못하고 오히려 고통을 겪습니다. 그 이유가 무엇이라고 생각합니까?

_____

_____

_____

> 앞에서 논의했다시피, 자기부인의 왜곡된 실천의 주요 원인은 거짓 자기에 의한 자기부인이다. 종교적 권위를 가진 사람이 거짓 자기에 대한 방어적인 체계의 문제를 해결하지도 않는 채 회중에게 자기를 부인하도록 강요할 때, 거짓 자기는 지속적으로 자기부인 위선적인 라이프스타일로 이끌려 갈 수 있으며, 다른 사람과의 정직하고 고백적인 나눔의 교제를 방해할 수 있다. 결국 회중은 실재적이면서도 영적인 기쁨을 경험하는데 실패하게 되고, 오히려 자기부인과 자기성취 사이의 모순으로 고통당한다. **따라서 자기부인의 실천을 위한 목회적 돌봄의 목표는 참 자기를 찾는 것이고, 진정한 자기부인을 통한 자기성취를 이루는 것이다.**[2]

사람의 내면에는 거짓 자기(false self)와 참 자기(true self)가 있습니다. 문제는 거짓 자기가 사라지지 않는 채, 계속해서 거짓 자기가 무언가를 할 수 있다는 자신감을 획득할 때입니다. 예들 들어, '자성예언(self-fulfilling prophecy)'이 있습니다. 어려운 용어를 제시했으나, 기본적인 개념은 어떤 예

---

2 앞의 책, 67쪽.

언이나 생각이 이루어질 것이라고 강력하게 믿음으로써, 이것이 행동의 변화를 일으켜 실제적인 성취로 이어진다는 것입니다. 물론, 이런 주장에 대해 반대하지 않습니다. 왜냐하면 실제로 운동선수나 시험을 치르는 학생들에게 이런 효과는 정말 나타나고 있기 때문입니다. 문제는 이렇게 '자성예언'을 하는 사람의 내면에 자기가 거짓 자기라면 어떻게 되겠습니까? 그래서 성경은 다음과 같이 말합니다.

> 우리가 알거니와 우리의 옛 사람이 예수와 함께 십자가에 못 박힌 것은 죄의 몸이 죽어 다시는 우리가 죄에게 종노릇 하지 아니하려 함이니 이는 죽은 자가 죄에서 벗어나 의롭다 하심을 얻었음이라.(롬 6:6-7)

이 말씀에서 말한 옛 사람은 결국 거짓 자기 아닐까요? 먼저 우리의 거짓 자기에 대해 죽지 않는 한, 어떻게 우리가 나 자신과 세상에 대해 올바른 판단을 할 수 있겠습니까?

2. 자기부인과 자기성취 사이의 긴장을 해결하는 것이 가능할까요?

_____

_____

_____

위에서 인용한 제시문의 마지막 부분을 보면, "자기부인의 실천을 위한 목회적 돌봄의 목표는 참 자기를 찾는 것이고, 진정한 자기부인을 통한 자기성취를 이루는 것"이라고 말합니다. 하지만 크리스천의 삶이 옛 사람, 곧 거짓 자기에 대하여 죽고 새사람이 되는 것이 맞다면, 거듭난 사람인 참 자기가 자기성취를 위해 다시 노력해야 하는 것인지 의문이 듭니다. 크리스천의 삶은 자기의 뜻을 이루기 위해서 사는 것이 아닌, 하나님의 뜻을 이루기 위한 삶이어야 합니다. 심리학자이자 정신과 의사였던 빅터 프랭클은 다음과 같이 말합니다.

> 인류학에서 근본적인 사실은 인간 존재란 자신이 아니라 어떤 사람, 어떤 대상을 항상 지목하고 지향한다는 것이다. 자신이 채워야 할 의미, 혹은 조유해야 할 사람, 보살피거나 사랑해야 할 이유를 지향한다. 이런 인간 실존을 위한 자아초월적인 삶을 살았을 경우에만 진정한 인간인 것이고, 진정한 자신이 될 수 있는 것이다. 그렇게 된다면, 자아실현에 대해 고민하지 않고, 자신을 잊고 관조하면서 바깥 세상에 초점을 맞출 수 있게 된다.
>
> 사람의 눈을 생각해 보라. 내가 인용하고 싶은 유사점이 있다. 거울에서 외면하면 눈은 모든 것 자체를 본다. 백내장에 걸린 눈은 대상을 구름처럼 본다. 그것이 백내장이다. 녹내장인 눈은 빛 주변의 무지개와 같은 녹내장을 본다. 눈 자체의 이상 현상을 보는 것이다. 하지만 건강한 눈은 그것 자체에 대하여는 아무것도 볼 수 없다. 그것이 자아초월이다.
>
> **이른바 자아실현이란 자아초월의 의도하지 않은 결과로 파악해야 한다.** 그렇게 남아야 한다. 자아실현을 의도적인 목표로 삼는 것은 자기 파괴적이고, 자멸적인 것이다. 자아실현도 실상은 정체성과 행복에 집착한다. 행복을 없애는 것은 바로 '행복에 대한 추구'이다. 우리가 행

복에 집착할수록 더 많은 행복을 놓치게 된다.[3]

앞의 글에서 보면, 프랭클은 자아실현이나 자기성취를 추구해야 할 대상이 아닌 것처럼 말합니다. 자아실현은 자아초월의 의도하지 않는 결과로 보아야 한다는 것입니다. 더 신랄하게, 자아실현을 의도적인 목표로 삼는 한 자기 파괴적이고 자멸적인 것이 되고 만다고 말합니다. 그의 말이 맞다면, 윤리 교과서에서 말하는 자아실현의 강조는 수정되어야 하며, 매슬로우의 욕구 단계에 의하면, 마지막 단계를 자아실현으로 설명한 것도 문제가 있어 보입니다.

3. 자기부인과 자아초월의 유사점과 차이점을 설명할 수 있습니까?

_____

_____

_____

---

3 빅터 프랭클,《의미를 향한 소리 없는 절규》오승훈 역 (파주: 청아출판사, 2005), 52쪽.

자기를 부인한다는 것은 정말 어려운 일인 것 같습니다. 왜냐하면 우리의 이기심에 대하여 죽지 않는 한, 자기를 부인한다는 것은 불가능하기 때문입니다. 자기를 부인하는 것이 얼마나 어려운 일인지 이 시간 조금 더 깊이 나누고자 합니다.

> 위장으로 방어하는 동물들에 대한 네티즌들의 관심이 쏠리고 있다. 최근 한 포털사이트에는 '위장으로 방어하는 동물들'이라는 제목의 게시물이 올라왔다. 게시물에 따르면 공격력이 약한 일부 동물들은 적이 나타난 위급상황에 살아남기 위해 자신의 몸을 주위 사물로 착각하게끔 다양한 위장술을 구사한다. 자신을 잡아먹으려는 동물의 천적을 흉내내기도 한다. 대부분 일부러 죽은 척 하거나 고약한 냄새를 풍긴다. 주머니쥐는 적이 다가오면 입을 벌리고 쓰러져 몸이 단단하게 굳은 척하면서 죽은 시체로 위장한다. 풀뱀과 돼지코 뱀은 공 모양으로 똬리를 틀고 죽은 지 며칠 된 것처럼 썩은 냄새를 풍긴다.
> 또한 인도의 나무 뱀은 똬리를 틀고 냄새를 풍기는 한편 눈은 빨갛게 충혈되고 입에서는 피까지 흘린다. 이것은 마치 나쁜 병에 걸려 죽어가는 것처럼 보이기 위해서이다. 이 밖에도 여러 동물들이 상대로부터 자신의 몸을 보호하기 위해 다양한 기술을 사용해 적이 다가오지 못하게 하는 기술을 가지고 있다.[4]

위의 제시문은 신문의 한 기사를 인용한 것입니다. 이 기사를 참고해 보

---

4 https://www.fnnews.com/news/201401150906440973 파이낸셜 뉴스, 2014년 1월 15일

면, 동물의 세계에는 위험의 순간에 살기 위해 죽는 척하는 동물이 있다고 합니다. 일종의 위장으로 방어하는 동물들입니다. 그러나 동물의 세계에만 죽은 척하는 동물이 있는 건 아닙니다. 우리가 살아가는 이 세상에서도 죽은 척하며 살아가는 사람이 있습니다. 그것도 크리스천들 중에서 말입니다. 크리스천은 이 세상에 대해 죽은 자들입니다. 하지만 이 세상에 대해 절대 죽지 않습니다. 나는 이 사람들을 "교회 안의 이방인"이라 부르고자 합니다.

이 이방인의 특징은 세속적인 가치, 이 세상의 가치를 추구한다는 점입니다. 시간과 영원으로 구분할 때, 그들은 시간적인 것만 구합니다. 영원한 것에는 별 관심이 없습니다. "하나님의 나라와 의"를 먼저 구하는 대신, "이 모든 것들"만 구합니다.

이 이방인이 죽은 자처럼 보이는 이유는 세상의 것을 상실했기 때문입니다. 이 세상에서 그가 추구했던 돈, 명예, 권력, 성공 등과 같은 세상의 것들을 얻지 못해 절망하였기 때문입니다. 그래서 그는 죽은 자와 같습니다. 그는 살아 있으나, 사실 살아 있는 것이 아닙니다. 인생 최대의 비극 가운데 있습니다. 그가 얻고자 하는 어떤 것도 얻지 못했습니다.

하지만 그를 제대로 관찰해보십시오. 그는 죽은 척하고 있는 주머니쥐입니다. 그에게 세속적인 가치가 채워진다면, 그토록 원했던 '돈'이 공급된다면, 그는 다시 예전처럼 살아납니다. 죽은 것 같으나 절대 죽지 않았습니다. 이것은 일종의 시체놀이와 같습니다. 언제나 세속적 가치를 상실하면 죽은 척하기.

세속적 가치를 상실했을 때, 이방인은 죽은 척합니다. 연기의 대가입니다. 누가 봐도 딱해 보입니다. 그는 자신이 추구했던 그토록 '소중한 가치'를 상실했기 때문에 절망하고 있습니다. 살아 있으나 사는 것이 아닙니다.

하지만 이것은 그의 오해입니다.

　지금부터는 그의 오해를 풀어봅시다. 일단 절망이란 무엇입니까? 진정 절망이란 영원을 상실하는 것입니다. 영원을 상실하는 것이 절망이라면, 이것이 절망의 올바른 개념이라면, 그는 죽은 자처럼 있으나 죽은 것도 아니고, 절망했다고 말하고 있으나 실상은 절망한 것이 아닙니다.

　아니, 그의 가치관에서는 올바른 말입니다. 그는 가치상실로 절망하고 있으니까요. 하지만 그는 바로 그의 뒤를 따라오고 있는 진짜 절망을 모르고 있습니다. 그가 세속적 가치에만 매달려 영원을 상실하고 있는 위험 가운데 있다는 사실에는 절대로 절망하는 법이 없습니다. 사실은 이것이 진짜 절망인데도 말입니다.

　아니, 그는 영원한 것에는 아무런 관심도 없습니다. 지금까지 구했던 것은 세속적인 것이고, 이 땅의 가치고, 썩어 없어질 것임에도, 사실은 이것만은 버리지 못하고 있습니다. 그가 그토록 죽은 척 연기한 이유는 그래야 다시 이 땅의 것들로 보상을 받을 수 있기 때문입니다. 누군가 그를 보고 있노라면, 이 연기는 더욱 진솔해집니다. 진짜 죽은 자처럼 보입니다. 그래야 세상에서 더 많은 동정표를 얻을 수 있고 주목받을 수 있습니다. 하지만 이것은 시체놀이 아닌가요?

　따라서 그의 말은 언어의 남용입니다. 그가 절망하고 있다고 말하는 것은 과장된 표현이고, 언어 과잉입니다. 그의 생각은 아이들의 소꿉장난과 같습니다. 참된 절망을 알았더라면, 영원을 상실하는 위험이 무엇인지 알았더라면, 그는 정말로 죽었을 것입니다! 하지만 진정 크리스천은 세상에서 죽은 자입니다. 크리스천은 세상에 대해 죽은 척 한 것이 아니고 정말로 죽었습니다.

1. 당신은 정말로 세상에 대하여, 당신의 이기심에 대하여 죽었습니까?

_____

_____

_____

3과 주님의 자기부인

그리스도를 따른다는 것, 이것은 지난 시간에 이야기한 것처럼 자기를 부인하는 것을 의미하며 비천한 종의 형체로 그리스도께서 걸었던 같은 길을 걷는 것을 의미합니다. 그분은 모욕을 당하고, 버림받고, 조롱당하고, 세상을 사랑했으나 세상에 의해 사랑받지 못했습니다. 그러므로 이것은 혼자 힘으로 걷는 것을 의미합니다. 자기를 부인하는 중에 이 세상과 이 세상에 속한 모든 것을 포기한 사람은 일반적으로 마음을 사로잡고 유혹했던 모든 관계를 포기합니다.

"그러므로 그는 자기 밭으로 가지 못합니다. 그는 값을 흥정할 수도 없고 장사하거나 아내를 얻을 수도 없습니다."(눅 14:18-20) 필요하다면, 자신의 아버지와 어머니, 형제와 자매를 전보다 덜 사랑하는 것이 아니라 그분이 이 사람들을 미워하라고 말한 것보다는 그리스도를 더 사랑하라는 것입니다.(눅 14:26)

진실로 이런 사람은 혼자 힘으로 걷고 있고, 이 세계에서 홀로 걷고 있습니다. 삶의 교차되는 분주함 속에서 이런 방식으로 사는 것은 불가능하고 어려운 것처럼 보입니다. 우리 시대에 이런 방식으로 사는 크리스천이 얼마나 될까요? **주님을 위해 모든 것을 포기한 사람 말입니다. 오히려 모든 것을 포기하기보다 주님을 이용해 모든 것을 얻으려 합니다.**

그러나 크리스천들이 주님의 길을 갔는지는 우리가 판단하지 맙시다. 그것은 주님께서 판단하실 몫이니까요. 이 세상에서는 세상의 모든 것들에 대한 끊임없는 이야기가 있습니다. 게다가, 세상에서 많은 업적을 만들었다는 자들이 판단하는 수많은 판단이 있습니다. 누가 얼마나 성공했고, 얼마나 많은 재산을 남겼고 세상에 얼마나 많은 공헌을 했는지. 그러나 저 영원에서 주님의 판단은 다릅니다. 당신은 얼마나 많은 재산을 남겨 놓았는지 질문 받지 않습니다. **그것은 생존자들이 물어봅니다.** 저 영원에서 당신은 얼마나 많은 전투에서 승리했는지, 얼마나 영리했는지, 얼마나 많은 영향을 끼쳤는지, 즉 당신은 후손들에게 얼마나 명성을 떨쳤는지 질문 받지 않습니다. 절대로 아닙니다! 주님은 당신이 세상에 세속적인 것들을 얼마나 남겨놓았는지 묻지 않습니다.

그러나 당신이 하늘에 얼마나 많은 재물을 모았는지, 얼마나 자주 당신의 마음을 극복했는지, 자신을 얼마나 통제했는지 아니면 노예가 되었는지, 자기를 부인하면서 얼마나 자신을 이겼는지, 자기를 부인하면서 선을 위하여 얼마나 자주 희생을 했는지 아니면 그러기를 바라지 않았는지, 당신은 얼마나 자주 자기를 부인하면서 당신의 적을 용서했는지, 일곱 번을 했는지 아니면 일곱 번씩 일흔 번을 했는지(마 18:21-22), 자기부인을 하면서 얼마나 자주 모욕을 견뎌왔는지, 당신을 위해서가 아닌, 자신의 이기적 이익을 위해서가 아닌, 하나님을 위하여 얼마나 고난을 당했는지, '주님'께서 당신에게 물을 것입니다.

그때 주님은 **심판자**이십니다. 당신에게 묻는 자인 이 판사의 심판에 대해 당신은 더 높은 사람에게 간청할 수 없는 바, 이 판사는 이 세상에 계실 때, 왕국들과 나라들을 정복했던 전쟁 사령관이 아니었습니다. 또한 이 판사는 당신이 세운 세속적인 업적에 대하여 이야기할 수 있는 분도 아니었습니다. 왜냐하면 그분의 나라는 특별히 이 세상에 속해 있지 않기 때문입니다.(요 18:36)

이 판사가 세상에 있을 때, 자주색으로 예복을 입은 것도 아닙니다. 따라서 이 세상에 어떤 영광도 누리지 못했습니다. 당신은 그분과 함께 하고 있는 사람들이 특별히 엄선된 사람들이라는 것을 발견할 수 있는데, 그분

은 오직 조롱으로만 예복을 입었기 때문입니다.(마 27:28)

그분은 특별히 세상을 향해 강한 영향을 끼치지도 못했고, 겨우 3년 동안 열두 제자만을 키웠을 뿐입니다. 그분에게 위험이 닥쳤을 때, 그들 중에 누구도 그분 곁을 지키지도 않던 배신자들이었습니다. 그분은 너무 멸시를 받았기에, 특별히 구별된 니고데모와 같은 사람은 감히 은밀한 밤을 통해 몰래 그분께 올 수 있었습니다.(요 3:1-2)

아, 그러나 이 판사의 심판은 그분과 같은 마음을 가진 자에게는 위로입니다. 같은 마음을 가진 사람들과 함께 있으면 항상 위로가 있습니다. 어떤 사람이 겁이 많다면, 그때 전쟁의 법정에 서지 않도록 하는 것이 위로가 될 것입니다. 어떤 사람이 이기적이고 세속적이라면, 그때 자기부인에 의해 심판을 당하지 않도록 하는 것이 위로가 될 것입니다.

이 판사는 자기를 부인하는 것이 무엇인지 알기만 하는 것이 아닙니다. 또한 이 판사는 단순히 심판하는 방법만 알고 있는 것이 아닙니다. 어떤 불법 행위도 이 판사 앞에서는 자신을 숨길 수 없기 때문입니다. 절대로 그분은 알기만 하는 것이 아닙니다. 그분의 현존 자체가 아주 좋아 보였던 모든 것, 세상에서 찬사로 들렸던 모든 것을 침묵하게 만들고 창백하게 만드는 그런 심판입니다. 즉, **그의 현존이 심판입니다. 왜냐하면 그분이 자기부인** (self-denial)**이기 때문입니다.**

생각해 보십시오. 하나님과 동등된 분이 비천한 종의 형체를 가졌습니다.(빌 2:7) 천사의 군단을 명령할 수 있는 분이(마 26:53), 진실로 세계의 창조와 파괴를 명령할 수 있는 분이(골 1:16-17), 아무런 방어도 하지 않는 채 이 세상에서 걷고 있었습니다. 세상의 모든 것을 그의 권세 아래 둘 수 있는 분께서 모든 권세를 포기하셨고 심지어 그분의 사랑하는 제자들을 위해 아무것도 할 수가 없었습니다.

그러나 그분께서는 오직 그분을 따르는 제자들에게 비천과 경멸이라는 같은 조건을 제공하고 있을 뿐입니다. 창조의 주인이셨던 분께서 자연 자체에 제한되어 침묵하고 계셨습니다. 왜냐하면 그분께서 영혼을 포기하고 나서야 휘장이 찢어지고 무덤이 열리며 자연의 힘이 그분이 누구인지를 무심결에 드러낼 것이기 때문입니다(마 27:51-55). 이것이 자기부인이 아니라면, 무엇이 자기부인입니까!

주님의 '자기부인'은 큰 의미가 내포되어 있습니다. 주님의 자기부인이 어떤 의미를 갖는지 더 고찰하기 위해 아래의 기사를 읽어 보고 이야기를 나누어 봅시다.

서경덕 성신여대 교수가 최근 개봉한 안중근 의사 소재 뮤지컬 영화 '영웅'에 대한 일본 SNS상 반응을 전했다. 안중근 의사를 테러리스트로 간주하고 있다면서 이는 일본 내 역사교육이 제대로 이뤄지지 않고 있는 게 원인이라고 지적했다.

서경덕 교수는 2일 오전 7시 41분쯤 자신의 페이스북을 통해 "현재 안중근 의사 이야기를 다룬 뮤지컬 영화 '영웅'이 성황리에 상영되는 가운데, 일본 측 SNS 상에서는 안중근 의사를 '테러리스트'로 간주해 큰 논란이 되고 있다"고 전했다.

서경덕 교수는 최근 트위터에 적힌 일본 네티즌들의 언급을 사례로 들어 "안중근은 영웅이 아니라 테러리스트다." "테러리스트를 영화화한 한국," "이 영화를 근거로 한국과의 국교단절," "이란이 오사마 빈 라덴을 영웅시해 9·11테러 예찬 영화를 만든 것과 같은 것," "한국에서는 비무장인 상대를 기습적으로 총격해 살해하는 행위가 영웅인거냐?" 등 어처구니없는 글들이 퍼지고 있다고 설명했다.

이 가운데 언급된 '9.11 테러'는 2001년 9월 11일 이슬람 근본주의 세력을 이끌던 오사마 빈 라덴의 무장 조직 알 카에다가 항공기를 납치해 미국 뉴욕 세계무역센터, 워싱턴 D.C. 펜타곤 등을 공격, 3천명 이상의 사망자를 낸 테러 사건이다.

이어 "이러한 일본 누리꾼들의 어이없는 반응은 역시 제대로 된 역사교육을 못 받았기 때문이다. 즉, 일본 정부에서 올바른 역사교육을 최근 안중근 의사의 삶을 다룬 영화가 나왔습니다. 우리 나라에서는 국가를 위해 자신을 희생한 영웅인 반면, 일본 사람들은 사람을 죽인 테러리스트로 보고 싶어합니다. 어쨌든, 중요한 점은 안중근 의사는 국가를 위해 자신의 목숨을 바쳤다는 것입니다. 뿐만 아니라, 그는 크리스천이었습니다. 한 마디로 말하자면, 안중근 의사 역시 국가를 위해 목숨을 버리기까지 자기를 부인하는 삶을 살았다고 볼 수 있습니다.

1. 안중근 의사처럼 국가의 영웅이었든, 혹은 알카에다의 자살 폭탄 테러리스트였든 그들도 자기를 희생하는 삶을 살았습니다. 그렇다면, 예수님의 자기부인과 이들의 자기부인의 차이는 무엇이 있을까요?

_____

_____

_____

아브라함은 하나님의 명령에 순종하기 위해 이삭을 죽이려 합니다. 그는 누구에게도 자식을 죽이려는 이 계획을 말하지 않습니다. 다만 그는 이삭을 데리고 모리아산을 향해 여행을 떠납니다. 이 부분에 대하여는 창세

1 https://news.imaeil.com/page/view/20230102080447I0942 매일신문, 2023년 1월 2일자 뉴스

기 22장을 참고하시기 바랍니다.

2. 아브라함이 이삭을 죽이려 하는 행위와 테러리스트가 사람을 죽이는 행위
    는 어떻게 다릅니까?

_____

_____

_____

　　사람들은 기독교를 비판하기를 좋아합니다. 기독교의 윤리는 결국 테
러리스트의 윤리와 다르지 않다는 것이지요. 아브라함이 하나님의 명령을
따르기 위해 자식을 죽이는 행위는 윤리적인 행위이기는커녕 폐륜적인 행
동이고 테러리스트와 다르지 않다는 것입니다. 성경은 다음과 같이 말합니
다.

> 무릇 내게 오는 자가 자기 부모와 처자와 형제와 자매와 더욱이 자기
> 목숨까지 미워하지 아니하면 능히 내 제자가 되지 못하고 누구든지 자기
> 십자가를 지고 나를 따르지 않는 자도 능히 내 제자가 되지 못하리라.(눅
> 14:26)

　　이 구절은 해석이 어렵습니다. 예수님의 제자가 되려면 마치 부모와 처
자와 자식들을 다 버려야 할 것처럼 보입니다. 아브라함이 자식을 죽여야

하는 정도는 아니지만 아브라함의 이야기와 비슷해 보입니다. 이 말씀대로 라면, 아브라함이 이삭을 바치는 시험 역시 그가 100세에 낳은 자식보다 하나님을 더 사랑하는지에 대한 시험 같다는 생각이 듭니다.

3. 이 구절은 정말로 부모나 형제와 자매를 미워하라는 이야기일까요? 이 구절에 대한 여러분들의 의견을 나누어 봅시다.

아래의 제시문은 키르케고르의 《두려움과 떨림》을 인용한 것입니다. 그는 보편적인 것과 절대적인 것을 구분하여 생각합니다. 아브라함이 이삭을 사랑하는 것은 보편적인 것이고, 이삭을 죽이라는 하나님의 명령은 절대적인 것이었다는 것입니다.

> 절대적 의무는 윤리가 금지한 것으로 안내할 수 있습니다. 하지만 **이 의무가 믿음의 기사에게 사랑을 멈추라고 안내할 수는 없습니다.** 아브라함이 이것을 입증합니다. 그가 이삭을 희생 제물로 바치려는 순간에, 그가 행하는 것에 대한 윤리적 표현은 이렇습니다. "그는 이삭을 미워한다." 그러나 그가 실제로 이삭을 미워했다 해도, 하나님이 그에게 이것을 요구하지 않으셨다는 것은 확실합니다. 왜냐하면 **가인과 아브라**

> 함은 동일하지 않기 때문입니다. 그는 이삭을 온 마음을 다해 사랑해
> 야 합니다. **하나님이 이삭을 요구했으므로, 가능하다면 더욱 이삭을 사**
> **랑해야 합니다. 오직 그때만 그를 희생 제물로 드릴 수 있습니다.** 왜냐
> 하면 하나님을 향한 그의 사랑과 역설적인 대조를 이루며 그의 행위를
> 희생으로 만든 것은 이삭을 향한 이 사랑이기 때문입니다. 그러나 역
> 설에서의 괴로움과 불안은 인간적으로 말해, 그가 도저히 스스로를 이
> 해시킬 수 없다는 데 있습니다. **그의 행위가 그의 감정과 절대적 모순**
> **속에 있을 때만, 오직 그때만 그는 이삭을 희생 제물로 드릴 수 있습니**
> **다.** 그러나 그의 행위의 현실은 보편적인 것에 속한 것이고, 따라서 거
> 기에서 그는 살인자이고, 살인자로 남습니다.[2]

이 제시문대로라면, 누가복음 14장 26절의 해석은 **역설**이 있다고 이해
할 수밖에 없습니다. 역설이란 무엇입니까? 유치환의 시 『깃발』의 "소리 없
는 아우성"처럼 말이 되지 않는 것을 말합니다. 하지만 주의깊게 보면 참
뜻을 알 수 있지요.

사랑이신 하나님이 이삭을 사랑하지 말고 미워하라고 명령할 수는 없
다는 것이지요. **테러리스트는 자신의 원수를 정말로 미워합니다. 가인처럼**
말입니다. 그래서 죽입니다. 이 경우, 이것은 어려운 것이 아닙니다. 아마도
자신의 원수를 죽이는 것만큼 속이 후련한 일도 없을 것입니다. 그러나 기
독교는 원수도 우리의 이웃이라고 가르칩니다. 하지만 이 원수를 사랑하는
것은 자기를 부인하지 않는 한 불가능합니다.

여기에서 우리는 한 가지 중요한 사실을 꼭 확인하고 가야 합니다. 우리
는 재물이 많은 부자 청년에 대한 이야기를 나눈 적이 있습니다. 주님께서

---

2 Søren Kierkegaard, *Fear and Trembling/Repetition* Trans. Edna H. Hong and Howard V.
Hong (Princeton: Princeton University Press, 1983),

재물을 다 나누어주고 나를 좇으라고 했을 때, 그는 근심하고 떠나갔습니다.(마 19:22) 하지만 가난한 사람들에게 그가 가진 전부를 나누어주었다면, 이런 세속적인 재물을 거부하는 것도 자기를 부인하는 일일 것입니다. 왜냐하면 그가 그토록 사랑했던 것이 재물이었다면, 그런데도 그 재물을 포기했다는 점에서는 자기부인입니다.

4. 부자 청년이 자신이 사랑했던 재물을 포기했다면, 그토록 사랑했던 이삭을 포기한 아브라함이 될 수 있는 걸까요?

부자 청년은 재물을 사랑하지만, 재물을 지켜야 할 윤리적 의무가 없는 반면, 아브라함은 자식을 사랑해야 하는 윤리적 의무가 존재합니다. 이런 점에서 부자 청년은 아브라함의 상황과는 근본적으로 다르다고 볼 수 있습니다. 여기에서 참다운 믿음은 체념(resignation) 후에 나타남을 알 수 있습니다.

다음 글은 키르케고르가 저술한 작품《사랑의 역사》5장에 나오는 내용의 일부입니다. 기독교가 자기부인이라고 부르고 있는 것에는 바로 본질적으로 '이중 위험'이 내포되어 있습니다. 그렇지 않은 자기부인은 기독교적인 자기부인이 아닙니다. 기독교의 **'이중의 자기부인'**에 대해서 나누어 봅시다.

기독교의 이중의 자기부인

기독교적인 싸움에는 싸울 분야가 둘이 있기 때문에, 항상 이중적인 위험이 뒤따른다. 첫째는 자기 자신과 싸워야만 하는 자신의 내부 세계가 그것이고, 다음으로는 만일 그가 이 싸움에서 진전을 보일 경우에 인간의 외부에 있는 세상과 싸워야만 하는 바깥 세상이 바로 그것이다.

따라서 기독교가 자기부인이라고 부르고 있는 것에는 바로 본질적으로 이중 위험이 내포되어 있다. 그렇지 않은 자기부인이란 기독교적인 자기부인이 아니다.

순수한 인간적인 자기부인의 생각은 그대가 가진 자기 본위의 욕망과 계획을 포기하면, 그대는 높이 평가받고 의롭고 어진 사람으로서 존경을 받고 사랑을 받을 것이라고 하는 생각이다. 이런 자기부인이 진리까지 도달할 수 없으리라는 것은 누구나가 쉽게 알 수 있는 일이다. 그것은 세속적으로 인간과 인간 사이의 관계에 머무를 뿐이다.

기독교적인 자기부인의 생각은 다음과 같이 말한다. 그대의 자기 본위의 욕망과 소망을 버리고 그대의 자의적인 계획이나 목적을 단념하고 진심으로 사심 없이 선을 위해 일하라. 그리고 바로 그런 이유 때문에 조롱당하고 경멸당하고, 비록 범법자처럼 미움을 받는다 하더라도 참고 견디라. 그리고 또 그것이 그대에게 요구된다면 바로 그런 이유 때문에 범법자처럼 처형되는 한이 있더라도 참고 견디라. 혹은 좀더 정확하게 말해서, 그런 일이란 강요되는 일이 거의 없는 법이니까, 참고 견딜 것이 아니라 그것을 자진하여 선택하라.

기독교적인 자기부인은 미리부터 그런 일이 일어날 것이라는 것을 알고, 그것을 자진하여 선택한다. 기독교적인 자기부인만이 하나님에게까지 도달하고, 하나님 안에 자신의 확고한 거점을 가지고 있다는 것은 이미 알려진 사실이다. 이런 식으로 이중 위험 속에서 버림을 받는 것만이 기독교적인 자기부인이다.[3]

1. 우리 삶 속에서 그리스도의 사랑을 실천하기 위해서 우리가 자진 선택해야 할 기독교적인 자기부인이란 무엇입니까?

_____

_____

_____

우리는 종종 그리스도의 사랑을 세상에 실천하다가 실족하는 경우가 있습니다. 이유가 무엇입니까? 왜 하나님 말씀대로 사는데 잘 살기는커녕 오히려 세상에서 멸시를 받느냐는 것입니다. 이것은 일종의 하나님을 향한 불평입니다. 하지만 진리를 향한 여정 가운데 세상에서 칭찬으로 보상을

---

3   쇠렌 키르케고르, 《사랑의 역사》 임춘갑 역 (서울: 다산글방, 2005), 336~341쪽.

받을 수 있는 것인지는 의문입니다.

2. 「순수한 인간적인 자기부인」과 「기독교적인 자기부인」은 어떤 차이점이 있을까요? 안중근 의사가 국가를 위해 목숨을 바치는 것과 크리스천이 하나님 나라를 위해 목숨을 바치는 것이 어떻게 다른지 비교하여 설명해 봅시다.

_____

_____

_____

3. 오늘날 크리스천이 선을 행하다가 낙심을 하는 이유는 무엇입니까? 여러분들의 경험을 나누어 봅시다.

_____

_____

_____

이것이 기독교적인 이중 자기부인입니다. 희생의 고귀한 정상에, 멸시받고 미움받고 가장 비천한 사람보다도 더 고약하게 조소를 받고 서 있다는 것, 결론적으로 말해서 초인적인 노력을 다하여 고귀한 정상에 도달하여 마치 멸시당하는 가장 낮은 밑바닥에 서 있는 것처럼 모든 사람에게 보이는 식으로 서 있는 것, 이것이야말로 기독교적으로 본다면 희생이고 또 동시에 인간적인 면에서 보면 광기라고 하겠습니다. 하지만 사태의 진상을 똑똑히 볼 수 있는 분은 단 한 분이 있을 뿐입니다. 그분은 그런 희생을 찬양하지 않습니다. 왜냐하면 하늘에 계신 하나님께서는 어떤 인간도 찬양하지 않기 때문입니다. 반대로 참으로 희생하는 자는 단 하나의 요새, 즉 하나님만을 소유하고 있습니다. 그런데도 그는 하나님으로부터 버림받은 듯이 존재합니다. 왜냐하면 그는 하나님 앞에서 자신이 절대적으로 아무런 공적도 없는 존재라는 것을 이해하고 있기 때문입니다.[4]

---

4 앞의 책, 233쪽.

4과 제자의 기쁨

　어떤 분야에서 최고가 되는 것, 이것은 큰 기쁨입니다. 인터넷을 검색해 보십시오. 최고가 되는 길을 안내하는 것도 다양한 방법이 있습니다. 운동선수들이 경기에 나가 모든 경기에서 승리한 후 금메달을 목에 거는 것은 큰 영광입니다. 세상은 최고가 된 자를 찬양합니다. 누구나 어떤 분야에서 최고가 되고 싶어하는 것은 인지상정일 것입니다.

　심지어 기독교에서도 '고지론'이 있습니다. 곧, 크리스천은 세상의 꼭대기에서 세상을 정복해야 한다는 것입니다. 그래야 세상에 많은 영향력을 미칠 수 있다는 것입니다. 대통령도 될 수 있으면 장로가 해야 하고, 국회의원, 판사, 변호사 등 사회의 영향력 있는 각 분야에 크리스천들이 진출하여 최고가 되어야 한다는 것입니다.

　그러나 이미 알려진 바대로 이런 시각은 몇 가지 문제점을 안고 있습니다. **무엇보다 개인적인 야망에 신앙의 옷을 입혀 자신의 성공 수단으로 하나님을 이용하는 것입니다.** 명분은 대단합니다. 하나님의 일을 위해 그렇게 하려는 것입니다. 또 하나, 오직 목적은 성공밖에 없습니다. 실패는 생각할 수 없습니다. 최고가 되어야 하니까요.

　이런 식의 사고방식이 여러 부작용을 낳은 것을 우리는 보았습니다. 그동안 얼마나 많은 '크리스천들'이 사회 각계각층에서 수많은 부정부패와 비리에 연루되어 있었던가요. 아무리 고지를 점령해서 최고가 된다 해도 이 방향이 올바른 길인지는 의문입니다. 그러나 어떻게 물과 기름이 섞일 수 있겠으며, 자신의 야망과 하나님의 뜻이 섞일 수 있겠습니까. 결국, 이런 혼합이 기독교를 타락시키고 맙니다.

　그러나 이것을 조금만 더 깊이 생각해 보십시오. 다른 사람이 이룰 수 없는 최고가 되는 것이 정말로 영광스럽습니까? 역으로 이것은 얼마나 잔인합니까? 다른 사람은 굶어 죽어도 은쟁반에 만찬을 즐기는 것이 영광스럽습니까? 수많은 사람이 집이 없어 아파하고 있는 중에도 대궐에 산다면 이것은 영광스러운가요? 누구도 범접할 수 없는 학자가 되어 수천수만 명을 배제시키는 것이 그렇게도 영광스러운가요? 모든 사람이 부러워하는 자리에 올라가는 것, 이것이 최상이라면, 이것은 얼마나 잔인합니까!

반면에, 그리스도를 따르는 것이 유일한 기쁨이 되기 위해서는 최고가 될 수 있다는 것을 다른 의미로 해석해야 한다고 봅니다. 먼저, **세상에서 최고가 되려고 하지 말고 세상에서 십자가를 지고 진리로 고난당하는 데에 최고가 되십시오!**

그리스도를 따르기로 결정한 사람들은 이 길 위에서 전진하는 법을 배워야 합니다. 이 싸움은 혈과 육의 싸움이 아니라, **영적 전투**입니다. 적들은 어마어마하지만 친구가 없습니다. 그때, 고통과 탄식이 절로 나옵니다. 이미 전에 이야기했다시피, 이 길은 홀로 걷는 것입니다.

사람들은 일반적으로 "필요가 가장 클 때, 도움이 가장 가깝다."라고 말합니다. 그러나 이 말이 항상 맞는 것은 아닙니다. 하지만 이것은 항상 맞는 말입니다.

"이 길 위에서, 가장 큰 고난은 완전성에 가장 가깝다."

예수 그리스도가 길인 경우를 제외한 나머지 길에서는 오히려 반대의 경우가 더 맞습니다. 곧, 고난이 가장 크면 길을 잘못 들어섰다는 증거입니다. 고난의 무게가 압도적인 만큼 그 길은 의심스럽습니다. 그러나 **그리스도를 따라가는 길에서 고난의 극치는 영광의 극치입니다.** 따라서 당신이 크리스천이라면, 고난의 길을 걷는 데에 최고가 되십시오!

사람이 어떤 다른 길로 들어섰을 때에는 그 길의 위태로운 것들에 대해 미리 잘 알아두어야 합니다. 일이 무사히 잘 풀릴 수도 있습니다. 그러나 또한 그가 앞으로 더 전진할 수 없을 만큼 많은 장애물들이 나타날 수도 있습니다. 그러나 자기부인의 길에서, 그리스도를 따라가는 길에서는 **영원한 안전**이 있습니다. 이 길을 따라가다 보면, '고난'이라는 표지판이 있습니다. 이것은 사람이 올바른 길로 전진하고 있다는 기쁨의 표지판입니다.

주님이 먼저 이 길을 걸으셨습니다. 그리고 다음과 같이 말씀하셨습니다.

> "내가 너희를 위하여 거처를 예비하러 간다. 내가 가서 너희를 위하여 거처를 예비하면 내가 다시 와서 너희를 내게로 영접하여 나 있는 곳에 너희도 있게 하리라."(요14:2-3)

사도 바울은 주님에 대해 다음과 같이 말하고 있습니다.

> "하늘에 있는 자들과 땅에 있는 자들과 땅 아래 있는 자들로 모든 무릎을 예수의 이름에 꿇게 했다."(빌2:10)

누구도 이와 같은 승리, 이와 같은 높은 자리에 오른 사람은 없습니다. 게다가, 누구나 그분을 따르는 자는 같은 자리가 예상됩니다. 이것이 기쁘지 않습니까!

세상에서 최고의 자리는 오직 단 한 명에게만 허락됩니다. 잔인합니다. 그러나 주님께서 먼저 가신 이 고난의 길을 따라가는 자에게는, 그 누구에게든지 최고의 자리가 허락됩니다. 게다가, 이 길은 영원한 안전이 보장됩니다.

감히 최선의 길을 선택하는 것, 가장 높은 곳으로 인도하는 길을 선택하는 것, 이보다 더 큰 기쁨이 어디 있습니까! 영원히 이 길이 안전하다는 기쁨을 제외하고, 도대체 어떤 기쁨이 이만큼 큽니까!

김종국이라는 가수가 있습니다. 이 가수가 자신의 이름을 좀 변형해서 짐(Gym)종국이라는 유튜브 운동 채널을 운영하고 있는데, 구독자가 270만 여 명이 됩니다. 김종국이라는 가수는 젊었을 때는 키는 좀 크지만 왜소한 체형이었습니다. 그러나 근력 운동을 통해서, 다부진 체형을 만들었습니다. 간혹 그는 이런 표현을 씁니다. "허벅지, 맛있다." "이두박근, 맛있다." 근력 운동을 통해 근육을 키워가는 과정이 이렇습니다. 근육에 고통을 주어서, 그 근섬유가 찢어지게 했다가 그 근섬유가 다시 회복되는 과정을 통해, 근섬유가 커져가는 것입니다. 근육 성장을 위해서는, 고통 즉 근육에 가해지는 적절한 자극은 필수적인 것입니다. 그런데 김종국씨는 오랜 기간 동안의 훈련을 통해, 그 근섬유에 가해지는 적절한 강도의 고통을 즐기는 수준에까지 이르게 된 것입니다.

영적 근력을 단련하는 과정에서도 "고통"은 피해갈 수 없습니다. 인간 내면의 죄성을 거스르면서 그리스도의 길을 걸어가야 하기에 고통이 수반될 수 밖에 없습니다. 그 고통을 감내하면서 그리스도를 따르는 과정을 통해서만 우리는 영적으로도 성장해 나갈 수 있습니다. 그리스도를 따르는 고난의 길이 기쁨이 되는 이유는 그 길만이 우리의 영적 근육을 키워나가고, 우리가 영적으로 성숙해 나가는 유일한 길이기 때문입니다. 그러나 그 과정의 결과를 여러 번 경험하다 보면, 김종국씨처럼 우리도 우리에게 닥친 고난을 겪어나가는 과정을 즐길 수 있는 단계에 다다를 수 있을 것입니다.

1. 크리스천이기 때문에, 혹 교회에서 봉사하거나, 전도(선교) 활동을 하면서 고난 당한 경험이 있으신가요? 또한, 그 과정을 통해 자신의 영적 근력이 자라는 경험이 있으시면 나누어 봅시다.

　　〈더글로리〉라는 드라마가 인기입니다. 그 드라마에 최혜정이라는 인물이 등장하는 인상적인 장면이 나옵니다. 최혜정은 어느 날 친구들을 만나기 위해, 부모님이 운영하는 세탁소에서 손님이 맡긴 옷 중에 그러싸할 옷을 입고 나갑니다. 그리고 친구들에게는 남자친구가 사줬다고 거짓말도 합니다. 그러나 그 옷은 자신을 시험해 보기 위해서 친구들이 맡겨놓은 명품 옷이라는 것이 밝혀지면서 심한 모멸감을 겪습니다. 최혜정은 자신이 입은 옷의 주인인 친구에게 잘 세탁해서 돌려주겠다고 하지만, 그 친구는 모욕적인 말을 하고, 비아냥거리면서, "그냥 입어"라고 말합니다.

　　고등학교때부터 친구였던 이들에게 모욕적인 일을 당하고, 혼자되었을 때, 최혜정은 가식적인 표정으로 사진을 찍으며 SNS에서 업로드합니다. "친구들 선물, 얘들아 고마워"라는 멘트와 함께 말입니다. 우리가 경험하는 SNS 공간은, 이런 가식과 허영과 거짓으로 이루어졌는지 모릅니다. 다음은 고려신학대학원의 신원하 교수님의 글입니다.

> 오늘날 SNS와 같은 소셜 네트워크 등의 다양한 매체들을 통해 사람

들의 과장된 삶이 널리 공유되고 있다. 익명의 사람들로부터 칭찬과 인정을 받기 위해 허식과 기만적 자랑도 유포되고 있다. 허영 사회가 조장되고 있는데 이런 사회의 분위기는 신자들의 신앙생활에도 적잖은 해악을 미친다.

교회는 4세기경부터 사막 수도사들을 통해 허영의 해악성을 심각하게 인식하고 허영을 대죄로 규정하였다. 비록 20세기에 들어와 허영이 대죄의 항목에서 제외되어 교회에서 비중있게 다루어지지 않았지만, 21세기 현재 허영은 성도들의 경건을 위협하는 가장 중요한 죄로 밝혀지고 있다. (중략)

허영을 극복하기 위한 길은 불멸성을 지닌 참된 영광을 알고 도모하는 것에서 찾아야 한다. 영원 자존자인 조물주로부터의 인정과 칭찬이 획득되는 주요 방편이 골방임을 제시하고 이것을 주기도를 통해 고찰한다.[1]

허영은 '헛된 영광'입니다. 아퀴나스는 허영의 특징 두 가지를 언급하고 있습니다. 첫째는 다른 사람의 칭찬과 인정을 얻으려고 한다는 것입니다. 둘째는 곧 시들어 사라질 빛임에도 불구하고 사람들은 그 드러나는 영광을 추구한다는 것입니다.

그리스도를 따르는 제자가 되는 길은 이런 허영과 정반대의 것입니다. 첫째로, 그리스도를 따르는 길은 다른 사람의 칭찬과 인정을 받는 길이 아닌 고난의 길입니다. 둘째로, 그리스도를 따르는 길은 '헛된 영광,' 순간에 빛을 내다가 사라지는 영광이 아닌, 하나님으로부터 선하다고 인정받고 칭찬받는 영원한 영광을 추구하는 길입니다. 그래서 제자의 기쁨은 영원한 기쁨입니다.

1   신원하, "찬란한 악덕," 『성경과 신학』 (2020년), 61쪽.

2. SNS 활동 속에서 약간의 거짓과 조금의 허영이 담긴 내 모습이 있진 않았는지요? 혹은 다른 사람들의 SNS를 보면서 약간의 가식과 조금의 치장을 본 적은 없는지요? 그리고 건전하게 SNS 활동을 할 수 있는 방법들도 생각해 봅시다.

_____

_____

_____

　　허영은 고상하고 거룩한 영역에서 더 맹렬하게 작용합니다. 경건함, 영적인 것, 자선 행위, 복음 전도, 설교 사역에서도 교묘하게 작용합니다. 성직자라는 목사들도 의외로 이 유혹을 다양하게 받습니다. 마치 바리새인처럼 자신이 영적이고 도덕적인 자로 보이고 많은 사람들에게 그렇게 인정받기를 원합니다.

　　사람들로부터 칭찬과 갈채를 받으려는 허영심은 마치 암세포와 같습니다. 인간의 내면 깊숙이 자리잡고 있어 찾기도 힘들고, 막상 찾아도 제거하기가 힘듭니다. 이처럼 허영심을 없애기는 참으로 어렵습니다. 일반적으로 죄는 중독과 같은 성격을 갖고 있습니다. 따라서 다른 사람의 칭찬과 갈채에 중독되면 참된 영광을 구하지 못하고 헛된 영광에 빠지게 됩니다. 그래서 복음은 말합니다.

> 만일 우리가 성령으로 살면 또한 성령으로 행할지니 헛된 영광을 구하여 서로 노엽게 하거나 서로 투기하지 말지니라. (갈5:25-26)

3. 그리스도를 따르는 길은 고난이지만, 하나님께 인정받는 영원한 영광을 추구하는 길입니다. 헛된 영광이 아닌 참된 영광을 추구하기 위해서 우리는 어떻게 살아야 할까요? 자신의 구체적인 현실의 삶에서 어떤 선택을 할 수 있는지 생각해 봅시다.

바울은 "모든 사람이 죄를 범하였으매 하나님의 영광에 이르지 못하더니"(롬 3:23)라고 말했습니다. 사람들은 죄로 인해 하나님의 영광을 구하지 못합니다. 하나님의 인정 대신 사람의 인정을 추구합니다.

르네 지라르는 자신의 저서 〈낭만적 거짓과 소설적 진실〉이라는 책에서 다음과 같이 말합니다.

> 왜 현대세계에서 사람들은 행복하지 않은가? 이에 대한 스탕달의 대답은 정치 당파나 여러 가지 '사회과학'의 언어로는 표현될 수 없다. 이 대답은 부르주아적 상식이나 '이상주의' 모두에 무의미하다. 우리가 행복하지 않은 이유는 허영심 때문이라고 스탕달은 말한다.[2]

인간의 마음은 오묘해서, 보기에 좋은 것, 남들의 시선이 머무는 것을 정작 소유한다고 해도 행복하지 않습니다. 남들의 선망이 대상이 되는 엄친아[3]도 정작 본인은 불행하다고 여길 수 있습니다. 어거스틴은 《고백록》에서 이렇게 말합니다.

> 당신은 우리 인간의 마음을 움직여 당신을 찬양하고 즐기게 하십니다. 당신은 우리를 당신을 향해서 살도록 창조하셨으므로 우리 마음이 당신 안에서 안식할 때까지 편안하지 않습니다.

어거스틴은 행복은 오직 하나님 안에만 존재하는 것이라고 말합니다.

---

2 르네 지라르, 《낭만적 거짓과 소설적 진실》 김치수, 송희경 역 (서울: 한길사, 2005), 179쪽.

3 '엄마 친구 아들'을 줄인 말로, 집안 좋고 성격이 밝은데다 공부도 잘하고 인물도 훤한 모든 면에서 뛰어난 젊은이를 의미한다.

그리스도를 따르는 길은 고난의 길이지만, 그 길만이 하나님이 창조하신 모습대로 사는 길이며, 그 길만이 우리에게 참된 기쁨을 가져다 주는 길입니다.

1. 이제까지 당신의 삶은 허영을 추구하는 삶이었습니까, 아니면 그리스도를 따르는 삶이었습니까? 아니 이분법적으로 말할 수 없을지도 모릅니다. 당신의 삶의 어떤 영역은 허영을 추구하고 어떤 영역에서는 그래도 그리스도를 따르는 삶을 살려고 노력했다고 생각하십니까?

_____

_____

_____

2. 온전히 그리스도를 따르는 삶을 살기 위해서 당신이 포기해야 할 영역은 무엇입니까? 그런 영역을 포기할 만큼 그리스도를 따르는 길이 행복한 길임을 확신하십니까?

_____

_____

_____

5과 그리스도의 길

> 히브리서 11:15~16
>
> 그들이 나온 바 본향을 생각하였더라면 돌아갈 기회가 있었으려니와 그들이 이제는 더 나은 본향을 사모하니 곧 하늘에 있는 것이라. 이러므로 하나님이 그들의 하나님이라 일컬음 받으심을 부끄러워하지 아니하시고 그들을 위하여 한 성을 예비하셨느니라.

> 요한복음 14:2
>
> 내 아버지 집에 거할 곳이 많도다. 그렇지 않으면 너희에게 일렀으리라. 내가 너희를 위하여 거처를 예비하러 가노니

크리스천은 주님이 가신 길을 따라 여행하는 나그네이어야 합니다. 먼저 주님이 가셨고 우리를 위해 거처를 예비하셨습니다. 이 길에서는 떠나지만 다시는 돌아올 수 없습니다. 길을 떠나지만 다시 돌아올 수 없다면, 그동안 가지고 있었던 재산, 예컨대, 집, 땅, 심지어는 집에 있는 각종 물건들조차 거추장스럽습니다. 따라서 나그네가 되기 위해서는 몸을 가볍게 해야 합니다.

여행을 떠나야 하는 이유는 그가 원하는 본향이 이 땅에 있지 않기 때문입니다.(히11:15-16) 그리스도께서 먼저 가서 예비하신 '거처'를 바라기 때문입니다.(요14:2) 그는 이 세상에 대하여 죽었기 때문입니다. 따라서 어딘가 의지할 곳이 필요합니다. 그러나 **그가 포기한 이 세상에 의지할 장소를 가질 수 없습니다.** 크리스천인 그가 실제로 자기와 이 세상을 부인했다면, 이것을 이해하는 것은 얼마나 쉽습니까!

그러나 실제로 우리의 삶은 어떻습니까? 신앙생활을 하는 것이 정말로 '정신적 여행'을 하기 위한 것입니까? 나그네가 되기를 바랍니까? 아니, 오히려 그 반대의 경우가 더 많은 것처럼 보입니다. 예수 믿어 이 땅에서 잘되기를 바랍니다. 사업이 더 번창하기를 바랍니다. 마음에 평안을 얻기 바랍니다. 더 큰 성공을 얻기 바랍니다. 심지어는 이런 것들을 강조하는 목사님도 많습니다. 예수 믿으면 모든 것들이 만사형통한다는 것입니다. 하지만 복음과 함께 고난당해야 하는 삶을 설교하는 설교자는 왜 이토록 적습니까? 바울은 디모데에게 말합니다.

> 우리 주 예수님을 증거하는 것을 부끄러워하지 마십시오. 또한 주님을 위해 감옥에 갇힌 나에 대해서도 부끄러워하지 말기 바랍니다. 오히려 복음을 위해 함께 고난을 받으십시오.(딤후 1:8)

어쩌면 우리는 그리스도와 고난받는 삶을 선택하기보다, 세상을 포기하기보다, 끈질기게 세상을 붙잡기 위해 그리스도를 이용했는지도 모릅니다. 세상에서 잘되는 삶을 저 본향의 삶보다 더 갈망했는지도 모릅니다. 아니면, 모양만 나그네고 길을 떠나기보다 앉아만 있었던 것입니다. 주님께서 저 하늘에 '거처'를 예비했고, 그것을 바라보는 자는 이 세상의 더 안락한 삶을 포기해야 정상입니다.

사도 바울은 "만일 그리스도 안에서 우리가 바라는 것이 다만 이 세상의 삶뿐이면 모든 사람 가운데 우리가 더욱 불쌍한 자다."라고 말합니다.(고전 15:9) 왜냐하면 앞으로 다가올 삶에 영원한 행복이 없다면, 그리스도를 위하여 세상의 모든 재물을 포기하고 모든 악을 견딘 사람은 사기를 당한 것이고 두렵게 속임을 당한 것이기 때문입니다.

다가올 삶에 영원한 행복이 없었다면 어떤 일이 벌어지겠습니까? 그리스도를 위해 모든 것을 포기한 사람, 이 세상에 대하여 죽은 사람은 가장 불쌍한 사람이 될 것입니다. 그가 정말로 이 땅의 이익을 얻으려고 노력하지 않았다면, 심지어는 그런 이익이 제공되었는데도 붙잡지 않았다면, 자신을 희생해야 하는 과업을 선택했다면, 그는 세상의 관점에서는 바보입니다. 그는 이 세상에서 가장 불쌍한 자입니다.

그렇지만 다가올 삶에 영원한 행복이 있다면, 그때 이 불쌍한 자, 그는 모든 사람들 중에서 가장 부요한 자입니다. 만약 이 세상밖에 아무것도 없었다면, 이 세상에서 최고의 것을 누리고 사는 사람이 가장 복 받은 자이고, 그는 이 세상에서 가장 불쌍한 자가 됩니다. 그러나 영원한 행복이 있다면, 세상에서 가장 불쌍한 자는 과연 누구겠습니까? 그러나 바울은 무엇이라 말합니까? 이 **영원한 행복**이 있다는 것입니다.

바울의 삶을 생각해 보십시오. 그는 복음으로 고난당하다가 감옥에 갇힌 자입니다. 어쩌면 세상의 관점에서 그는 모든 사람들 중에서 가장 불쌍한 자입니다. 왜냐하면 그는 이 세상의 안전을 위해 노력한 자가 아니었기 때문입니다. 그는 이 세상에서 잘살기 위해 노력한 자가 아니었기 때문입니다.

예수 믿으면 이 세상의 안전이 보장된다고 강조하는 설교자는 사기꾼입니다. **오히려 예수 믿으면 이 세상의 안전이 제거됩니다.** 이 세상이 비진리이기에 진리의 길을 걷고자 하는 자는 반드시 고난당하기 때문입니다. 주님이 고난당한 것처럼 말입니다. 그러니 예수 믿고 여전히 세상의 안전을 구하는 자가 정말로 주님을 믿는 자인지 의심스럽습니다.

그러나 이 시간 누구를 비난하지는 맙시다. 각자는 오직 자기 자신만 판단합시다. 왜냐하면 이런 관심에서 다른 사람들을 판단하기 원하는 것은 이 세상에서 자신의 안전을 획득하기 위한 또 다른 시도일 뿐이기 때문입니다. 그렇게 하지 않는다면, 그는 확실히 심판과 영원한 행복 모두가 다른 세상에 속해 있다는 것을 보게 될 것입니다.

아! 세월이 흐르면서, 이것은 되풀이하여 일어났습니다. 반복은 계속됩니다. 누군가 먼저 앞에 갑니다. 다른 사람은 먼저 간 사람을 열망합니다. 누군가는 그를 따르기를 바랍니다. 그러나 어떤 인간도, 어떤 사랑받는 자도, 어떤 스승도 어떤 친구도, 따른 자를 위해 거처를 예비하기 위해 먼저 가지 못했습니다.

그리스도의 이름만이 하늘에서와 땅에서 오직 단 하나인 이름이듯이, 또한 그리스도는 이런 식으로 먼저 가신 오직 단 하나인 선조가 되십니다. 하늘과 땅 사이에 오직 **단 하나의 길**이 있습니다. 그것은 그리스도를 따르는 길입니다. 시간과 영원에서 오직 **단 하나의 선택**이 있습니다. 그것은 이 길을 선택하는 것입니다. 이 땅에서 오직 **단 하나의 영원한 소망**이 있습니다. 그것은 그리스도를 따라 하늘에 이르는 것입니다. 죽음에서 **단 하나의 축복된 기쁨**이 있습니다. 그것은 그리스도를 따라 생명에 이르는 것입니다!

'본향'의 헬라어 '파트리다($\pi\alpha\tau\rho\iota\delta\alpha$)'는 "아버지의 집," "내가 태어난 곳"을 의미합니다. 믿음의 조상 아브라함의 이야기를 배경으로 설명된 그들이 나온 본향, 그들이 소망하는 더 나은 본향의 개념, 즉 주님께서 말씀하신 본향은 아버지의 집, 하나님의 나라입니다.

1. 내가 경험해 보지 못한 본향을 진정으로 사모할 수 있을까요? 의식에 없는, 상상해 볼 수 없는 그 곳을 더 나은 곳이라고 인정할 수 있습니까?

_____

_____

_____

사람들은 불확실한 공중의 10마리의 참새보다 손 위에 있는 확실한 1마리의 참새를 더 좋아합니다. 유한한 것은 언제 얻을 수 있는지 확실해 보이는 반면, 영원한 것은 있는지도 잘 모르겠고 인식하기도 힘들고 불확실합니다.

사람들은 미래를 대비해야 한다고 생각합니다. 또한, 그렇게 미래를 대비하는 것이 지혜입니다. 하지만 우리는 생각을 더 명확하게 하기 위해 미래를 대비하는 방법을 '상대적 미래'와 '절대적 미래'로 나누어 생각하기를 추천드립니다. 상대적 미래를 대비하기 위해서는 선한 마음, 좋은 컴퓨터, 생활의 지혜, 이 세 가지만 있으면 충분합니다. 하지만 절대적 미래를 대비하기 위해서는 불충분합니다. 절대적 미래는 우리가 예측 가능한 미래가 아닙니다. 오직 하나님만 알고 있는 미래입니다. 어떤 투자 전략도, 어떤 보험 상품도 대비할 수 없는 미래, 눈으로도 볼 수 없고, 귀로 들을 수도 없고, 사람의 마음으로는 생각할 수 없는 미래입니다.(고전 2:9) **우리의 전 존재를 뒤흔드는 미래로, 이 미래를 대비하기 위한 지혜는 믿음, 소망, 사랑입니다.**

> 형제들아 때와 시기에 관하여는 너희에게 쓸 것이 없음은 주의 날이 밤에 도둑 같이 이를 줄을 너희 자신이 자세히 알기 때문이라. 그들이 평안하다, 안전하다 할 그 때에 임신한 여자에게 해산의 고통이 이름과 같이 멸망이 갑자기 그들에게 이르리니 결코 피하지 못하리라.(살전 5:1~3)

2. 오늘날 인공지능이나 통계 및 예측 기법이 발달하는 이유가 무엇이라고 생각합니까? 이런 과학 기술은 '절대적 미래'를 대비할 수 있을까요?

_____

_____

_____

크리스천은 길을 걷는 나그네이어야 합니다. 이제 크리스천이 걷는 '길'

에 대해 더 구체적으로 생각해 봅시다.

3. 주님께서 "내가 곧 길이다."라고 말씀하실 때, 이 '길'은 어떤 의미가 있는 것일까요? 주님께서 먼저 길을 가셨으니, 이후에 제자들은 주님보다 더 쉬운 길을 걸을 수 있는 걸까요?

　　'길'은 단지 비유적인 의미에서 사용되었을 뿐입니다. 이 길은 물리적인 길이 아니라, '영적인 길'을 의미합니다. 다음 제시문을 읽고 더 구체적으로 생각해 보겠습니다.

> 　　**우리는 어디를 가든지 길을 통해 목적지를 간다.** 길을 통해 때로는 집으로, 학교로, 직장으로 간다. 이때 길은 일반적 통념으로 목적지일 수 없고 목적지에 도달하기 위한 **수단**에 불과하다. 이런 의미에서 길은 통과하는 과정 정도로만 생각하지, 길을 걷는 것 자체를 목적으로 삼고 다니는 사람들은 없다. 그러나 주님은 말씀하신다. "내가 곧 길이요 진리요 생명이니, 나로 말미암지 않고는 아버지께로 올 자가 없다."(요14:6)
>
> 　　주님은 스스로 "내가 길이다."라고 말씀하신다. 길이라고 말씀하신 주님은 친히 그분의 길을 따라오는 사람들을 자신이 있는 곳까지 이끌

겠다고 말씀하신 것이다.(요12:32) 뿐만 아니라, "내 아버지 집에는 거할 곳이 많다. 내가 먼저 가서 너희의 처소를 예비하겠다."라고 말씀하신 다.(요14:2)

이런 의미에서, 크리스천에게 '길'이란 일반적 통념처럼 목적지에 도달하기 위한 수단으로 존재하는 것이 아니다. 크리스천들에게 **'길'은 그 자체로 목적**이 되어야 한다. 주님은 내가 "천국으로 들어가는 집이다."라고 말씀하신 적이 없다.

많은 사람들은 예수 믿으면 천국 간다고 말한다. 틀린 말은 아니지만, 종종 이런 이야기에 문제가 있는 경우가 많이 있다. 가장 심각한 문제는 죽어서 천국 가는 것으로만 착각하는 것이고 예수님을 천국 가기 위한 '수단'으로만 생각하는 것이다. 이런 사람들은 예수님을 이용해서 목적지인 천국은 가고 싶어하지만 그 길을 가는 데에는 아무 관심이 없다.

나는 주님의 승천과 재림 사이의 시기를 '중간기'라고 말한 바 있다. 이 중간기의 의미는 테스트 기간이고, 우리는 이 기간 동안 시험을 치러야 한다. 이 시험의 내용은 우리가 "주님이 가신 길을 따라갔는지"이다. 이런 의미에서 제자도란 키르케고르가 말한 "반복"이다. 누구나 주님이 가신 길을 하나님 앞에 서서 반복하는 것이다.

이 반복은 단순한 복사나 복제가 아니다. 하나의 새로운 생성이다. 왜냐하면 주님의 길을 따르는 사람은 각자의 삶에서 하나의 새로운 진리를 생성하고 있기 때문이다. 길이라고 말씀하신 주님은 또한 "진리"라고 말씀하셨기 때문이다. 이때, 하나님의 나라는 저 천국에서 이루어지는 것이 아니라, 이 땅에서 그분의 길을 걷는 자에게서 나타난다. 주기도문에서처럼, 그 사람을 통해 하나님의 나라가 이 땅에 임하는 것이다.

그렇다면, 이 길은 쉬워지는가? 왜냐하면 주님은 길이시고, 먼저 그 길을 걷는 모범이 되신 분이시기 때문이다. 다시 일반적 통념으로 말해, 먼저 걸어갔던 모범이 있다면 그 길을 따라가는 것은 쉬워진다. 예를 들어 다이너마이트를 발명했던 노벨이 있다. 노벨 이후 다이너마이트는 길을 뚫는 데에 사용되었다. 한참을 돌아가야 할 길을 터널을 뚫어 길을 단축시킨 것이다.

노벨은 누구보다 뛰어났고 그가 남긴 '지식의 유산' 덕분에, 그 후대 사람들은 한참을 돌아가야 할 길을 단축시킨 결과를 누리고 산다. 노벨보다 멍청하다 하더라도, 그의 지식을 공부한다면 같은 효과를 누릴 수 있다. 모범이 남긴 유산 덕분에, 후대 사람들은 보다 쉬운 길을 발견했고, 그 뿐만 아니라 그 혜택을 누리고 산다.

그러나 주님이 길이신 경우는 그렇지 않다. 주님이 먼저 가셨기 때문에 **그 길이 쉬워지거나 짧아지지 않는다. 주님께서 좁은 길로 가신 것처럼, 또한 좁은 길로 가라고 말씀하신 것처럼**(마7:13), **그 길은 동일하게 좁고 어렵다.**[1]

4. 뒤돌아가지 못하는 길에 들어선 여행자, 나그네, 타향인이 된다는 사실에 대해 어떻게 생각하십니까? 내 땅, 내 집, 내 일, 내 돈, 내 시간, 내 가족들, 내 관계들…모두 두고 떠날 수 있을까요?

_____

_____

_____

---

1 https://truththeway.tistory.com/17 카리스 아카데미 블로그 인용.

영적으로 이해할 때, 믿는 자는 다시 돌아올 수 없는 여행을 떠난 나그네와 같습니다. 우리의 본향은 이 땅에 있지 않기 때문입니다. 저 본향을 향해 준비하는 나그네가 어떻게 이 땅의 안전을 추구할 수 있겠습니까?

5. 어떻게 안전, 안정을 추구하는 세속의 가치를 모두 무시할 수 있습니까?

_____

_____

_____

6. 주님과 같이 죽음이 생명이 되는 신비를 경험할 마음의 준비가 되어 있습니까? 죽음과도 같은 고난의 삶의 직전에 다가오는 공포, 공황장애, 두려움이 나의 길을 막는다면 몇 명이나 고난의 길을 통과할 수 있을까요?

_____

_____

_____

주님이 길인 경우, 진리란 현실의 삶이다. 우리는 주님이 사셨던 삶을 '현실에서 살아내야' 한다. 아마 진리가 지식인 경우는 그 길이 짧아질 수도 있고, 모범이 남긴 유산 덕에 혜택을 누릴 수도 있을 것이다. 그러나 이런 통념과 달리, 진리가 길 자체인 경우, 모범이 먼저 갔다고 해서 그 길이 짧아지거나 단축되지 않는다. 크리스천은 동일한 길을 반복하는 방법 외에는 없다.

이런 의미에서 중간기는 테스트이다. 길을 단축하거나 폐기하는 것, 그래서 내세에 천국만을 들어가기 바라는 것은 필연적으로 진리를 왜곡하거나 제거하는 결과를 낳을 뿐이다. 바울 사도가 권면한 것처럼, 이런 의미에서 우리 자신이 믿음 안에 있는가 우리 자신을 시험하고 확증해야 한다.(고후13:5)

이렇게 생각하고 나면 우리 안에 얼마나 그분을 따르는 크리스천이 없는지 안타까운 현실이 눈에 띈다. 무늬만 크리스천이지 제자가 아닌 자가 허다하다. 그러나 제자가 아니고서 크리스천이 될 수 있는가? 그분을 따르는 일이 없는데 크리스천이 될 수 있느냐 말이다. 사도가 걱정했던 대로, 그들은 버림 받은 자들은 아닌가?

제자가 되고 크리스천이 되는가, 크리스천이 되고 제자가 되는가? 안타까운 현실은 그동안 우리는 크리스천이 되고 나서 제자훈련을 했다는 점이다. 그러나 성서는 분명히 제자가 된 자들이 처음으로 크리스천이라고 일컫게 되었다는 사실을 말하고 있다.(행12:26) 진정으로 그분의 사랑을 경험했다면, 그분의 길을 가는 것은 자연스러운 현상이 아닌가?

확신컨대, 크리스천이라고 말하면서 그분의 길을 가는 데에는 아무런 관심이 없는 사람들은 크리스천도 아니고, 당연히 그분의 제자도 아니다. 이런 사람들은 정말로 그분의 사랑을 경험했는지 의심스럽다. 오늘날 복음이 필요한 곳은 교회 밖이 아니다. 교회는 다시 한번 복음이 선포되어야 할 시점에 이른 것이다.

대학생들과 리더 훈련을 했던 것이 기억난다. 그때 약 20명 정도를 모아놓고 주님의 제자라고 생각하는 사람 손들어보라고 했다. 대다수는 손을 들지 못했다. 여러 원인이 있을 수 있으나 확실한 점은 그들이 주님의 길을 가는 이 삶에 진지하지 않았다는 점이다.

취업 때문에 걱정은 해도 이 길을 가지 않는 것은 걱정하지 않는다. 좋아하는 연인이 생겼지만 사귀지 못해 마음 아파해도 주님의 길을 걷는 데에는 단 한 번도 애가 탄 적이 없다. 돈이 없어 빚지는 상황을 걱정해도 그분의 길을 가는 데에는 아무 관심이 없다. 그때, 이런 어려운 상황을 극복하게 해달라고 애타게 그분께 의지할 뿐이다.

그러나 승천하실 때, 주님이 남긴 마지막 지상명령의 과제는 무엇인가? 제자 삼으라는 것 아닌가? 스스로 제자가 되어 나를 따르고, 그런 제자를 삼으라는 것 아닌가? 이것이 마지막 절대적 관심사가 되어야 하는 것 아닌가? 그렇다면, 주님의 승천과 재림 사이에 우리는 그분의 길을 갔는지 시험을 치러야 하는 것은 아닌가?[2]

우리는 예수님의 제자가 되어야 합니다. 그분이 가셨던 동일한 길을 걸어야 합니다. 마지막으로 우리는 진정 주님의 제자인지 살펴보겠습니다.

1. 제자에게 주어지는 구원의 감격, 감동의 순간이 있었습니까? 제자로 스승에게, 또 그의 가르침에 합당한 헌신, 희생의 삶이 있었습니까?

---

2 https://truththeway.tistory.com/17 카리스 아카데미 블로그 인용.

2. 포기하고 싶은 고난의 순간, 고통의 순간을 맛보았습니까? 결국 극복하여 크리스천이라는 호칭에 익숙해졌습니까?

_____

_____

_____

3. 제자로 부름받아 진정한 제자인 크리스천으로 거듭난 나그네로서 그리스도의 길을 선택할지, 세상의 집에 안주할지 결정해 봅시다.

_____

_____

_____

01 기본과 실천을 겸비하기 위한 교재 제자도 시리즈!

기본 제자도의 기본기인 말씀의 능력!

제자도 시리즈는 말씀의 능력을 경험하도록 안내하고, 말씀을 대하는 자세부터 시작하여 실제로 말씀으로 변화될 수 있도록 안내합니다. 이를 위해 첫 번째 제자도 시리즈《말씀은 거울이다!》를 출간한 바 있습니다. 이 책을 통해 말씀의 능력이 어떻게 역사하는지 깨닫게 될 것입니다. 궁극적으로 모든 크리스천이 참으로 주님 앞에 설 수 있도록, 주님을 닮을 수 있도록 안내할 것입니다. 향후, 더욱 깊이 있게 학습할 수 있는 심화 교재도 출간할 계획입니다.

실천 말씀 실천을 위한 예수님 닮기!

제자도 시리즈는 단지 지식적인 앎으로 끝나는 것이 아니라, 가슴이 뜨거워지고 이로 인해 더욱 예수님을 깊이 생각하고 닮아가도록 도울 것입니다. 진리를 머리로 아는 것이 아니라 가슴으로 알도록 도울 것입니다. 예수 그리스도를 닮아가는 것이 무엇을 의미하는지 더욱 심층적으로 알게 되는 계기가 될 것입니다. 이런 실천적인 앎을 위해 두 번째 제자도 시리즈로《홀로 걸으라》를 출간하였습니다. 이 책을 시작으로 실천을 위한 다양한 성경공부 교재가 출간될 것입니다.

02 해석과 적용을 겸비하기 위한 학습서 제자도 시리즈!

해석 말씀 해석을 위한 사고의 확장!

성경공부 나눔을 위한 제자도 시리즈는 먼저 성경공부 교재 본문(생각의 뿌리)을 이해하고, '생각의 나무' 단원을 통해 성경을 해석하는 안목을 키워줍니다. 뿐만 아니라, 인문학적 소양을 키우기 위해 다양한 콘텐츠를 해석함으로 생각의 능력을 키웁니다. 문학과 비문학 전체를 모두 다룹니다. 이 과정을 통해 어려운 본문이나 해석이 난해한 문학작품을 해석할 수 있는 능력을 키울 수 있습니다. 기독교적 관점으로 세상을 이해하는 데 많은 도움을 받게 될 것입니다.

적용 해석한 것을 적용하기위한 실천!

말씀을 나눈 내용을 자신의 삶에 적용하도록 돕습니다. 말씀에 근거를 두고 발전시킨 생각과 지식은 반드시 삶으로 실천하여 열매를 맺어야 합니다. '믿음의 큰 나무' 단원은 이를 위해 준비되었습니다. 거창한 것이 아니라, 일주일 단위로 실천할 수 있는 것을 생각해 보고 그룹나눔을 할 때 점검합니다. 그룹의 리더를 통해 점검하고 실제적인 어려움을 나누고 중보기도를 하면 더욱 좋습니다.

제자도 시리즈 교재 구성

기본 시리즈 본문 내용 확인 '생각의 뿌리'

학습을 위한 제자도 시리즈는 크게 세 개의 단원으로 구성되어 있습니다. 그 중에 첫 번째 단원인 '생각의 뿌리'는 본문 내용을 읽고 기본 개념을 공부할 수 있습니다. 이 단원에서는 기독교 사상에 중요한 핵심적인 개념어뿐 아니라 생각을 넓힐 수 있는 다양한 비유 및 예시들이 등장합니다. 대부분 성서와 관련이 있는 예시들입니다. 하지만 성경의 본문을 조금 더 깊이 있게 생각할 수 있도록 약간씩 변화시킨 형태입니다.

확장 사고의 확장을 위한 '생각의 나무'

두 번째 단원은 '생각의 나무'입니다. 이 단원은 '생각의 뿌리'에서 다룬 내용들을 적용하고 확장합니다. 먼저, 관련된 성경구절을 나누고 말씀의 의미를 해석합니다. 다음으로 비문학과 문학 전반에서 등장하는 작품들의 일부를 발췌하여 제공하고 이에 대한 해석을 시도합니다.

첫째, 이 과정을 통해, 문해력을 더욱 향상시키고 인문학적 소양을 길러줍니다. 이미 많이 알려지다시피, 책보다는 온라인에 익숙한 학생들의 가장 큰 문제는 문해력이 떨어진다는 것입니다. 이것은 성인들도 마찬가지 입니다. 이 단원에서 제공하는 제시문의 내용이 조금 어려울 수도 있습니다. 하지만 다양한 문학과 비문학의 전문적인 글의 일부를 발췌하여 제시문으로 제공하는 이유는 이런 문해력을 키움과 동시에 해석하는 능력을 키우기 위함입니다.

둘째, 우리의 삶뿐 아니라, 사회 문제에 이르기까지 다양하게 토론하고 실천방안을 모색합니다. 이때 중요한 것은 그룹의 리더가 성경공부 구성원들을 토론의 장으로 끌어들이는 것입니다. 구성원들이 더욱 적극적으로 토론에 참여할수록 좋습니다. 이를 위해 나눔에 필요한 토론을 인도하는 기법을 배울 필요가 있습니다.

셋째, 말씀 앞에서 자신을 돌아볼 수 있도록 안내합니다. 크리스천은 살아가야 할 삶의 동력을 하나님 앞에서, 주님 앞에서, 말씀 앞에서 찾습니다. 무엇보다 말씀 앞에서 자신의 삶이 변화될 수 있는 위치에 설 수 있도록 안내합니다. 믿는 자는 언제나 말씀 앞에서 은혜에 의지하는 삶을 살아야 함을 경험하고 배워야 합니다.

실천 생활 속에 적용하기 위한 '믿음의 큰 나무'

세 번째 단원은 '믿음의 큰 나무'입니다. 이 단원에서는 그동안 나눈 내용을 토대로 일주일 동안 실천할 과제를 도출합니다. 아주 거창한 목표를 설정할 필요가 없고 아주 작은 것이라도 일주일 동안 해낼 수 있는 일들을 생각합니다. 다음 주에 오면 일주일 동안 적용하며 겪었던 일들을 나누고 점검합니다. 이 과정에서 그룹의 리더가 먼저 삶의 문제를 구체적으로 나누고 함께 기도 요청을 해야 합니다. 그러면 그룹 구성원들은 자연스럽게 서로의 문제를 나누고 도움을 도청할 것입니다.